들어가며

'티끌 모아 태산이다. 그러니 돈을 아껴 써라!'

어렸을 때 어른들께 가장 많이 들은 말이었어요. 그래서 돈을 무조건 모으고 쌓아 두면 부자가 될 수 있다고 믿게 되었죠. 전래 동화 속 구두쇠처럼 자린고비 정신으로 돈을 아끼는 것에만 최선을 다했답니다.

그런데 어른이 되어 스스로 돈을 벌고 경제 활동을 하면서 깨닫게 되었어요. 돈은 모으는 것보다 흘러가게 하는 것이 더 중요하다는 사실을 말이죠. 어려운 말로 '돈의 순환'이라고 하더라고요. 또한 경제에 대한 다양하고 폭넓은 지식이 많은 것을 바꿀 수 있다는 것도 알게 되었답니다.

어느 날, 초등학교 4학년인 딸이 학교를 다녀와서 활짝 웃으며 이렇게 말하는 거예요.

"엄마! 저 오늘 월급으로 백 하트 받았어요."

그 말에 제가 깜짝 놀라서 "웬 월급?" 하고 물었더니 학교에서 학급 화폐 활동을 하고 있다고 하더라고요. 담임 선생님이 자연스럽게 경제 개념을 익힐 수 있도록 학급에서 모의 경제 활동을 진행하고 계셨던 거예요. 경제 교육이 생활 속에 스며들 수 있게 말이죠. 경제는 우리 생활과 밀접하니까요.

이야기를 들어 보니 정말 기발하더라고요. 학급 아이들은 모두 각자가 원하는 직업을 가질 수 있다는데, 청소 전문가, 정리사, 은행원, 제빵사, 영양사 등 직업의 종류도 정말 다양했어요.

각자 맡은 일을 충실히 하면 매월 말일에 월급도 받는다고 해요. 받은 월급으로는 반에서 파는 물건을 사거나 청소 면제권, 숙제 면제권 등을 살 수도 있고요. 또 학급 은행에 저금해서 이자를 받기도 하고, 투자 상품에 투자해서 수익을 보기도 하더라고요. 학급 안에서 아르바이트를 할 수도 있고 가게를 운영하는 자영업자도 될 수 있다니 정말 멋진 경제 교육이라는 생각이 들었어요.

어릴 때부터 이렇게 돈을 버는 것과 사용하는 것에 대해 잘 익힌 아이들은 얼마나 현명한 소비자가 될까요? 기대도 되고 부럽기도 했어요. 저도 이런 교육을 어릴 때 받았더라면 어땠을까 하고 상상하니 입가에 저절로 미소가 지어졌답니다.

그래서 저도 용기를 내기로 결심했어요. 동화를 통해 어린이들의 경제 교육에 보탬이 되어야겠다고요. 돈의 가치를 알고 스스로 용돈을 관리할 수 있도록 용용 클럽 아이들의 이야기를 들려주기로 한 것이지요.

그래서 이 이야기에는 부모님이 주신 용돈을 단순히 써 버리는 돈으로 여겨 왔던 지용이의 경제 관념이 어떻게 변해 가는지, 그 변화 과정을 담았어요. 때로는 용돈은 내 것이니까 마음대로 써도 된다는 생각이 들기도 하잖아요? 지용이를 통해 이런 갈등을 이겨 내고 당당하게 용돈을 스스로 관리하는 지혜로운 어린이가 되는 비법을 담으려 했어요.

위기를 맞이한 지용이에게 한 줄기 희망 같은 빛나 누나가 나타나면서 용용 클럽 아이들은 건강하게 용돈을 관리하는 경제 독립 어린이로 성장하게 된답니다.

용돈 기록장 쓰기, 용돈 쪼개기, 저축하기, 스스로 용돈 벌기, 투자하기, 현명한 소비 활동하기, 선한 부자 되기, 봉사와 기부하기 등 다양한 경험을 통해서 조금씩 성장해 가는 용용 클럽 아이들!

그 신나는 이야기 속으로 여러분을 초대합니다. 용용 클럽 아이들과 함께, 현명하고 즐겁게 자신의 용돈을 관리하고 경제 활동을 하는 여러분이 되길 진심으로 응원하는 마음으로요.

언제나 어린이에게 웃음을 선물하고 싶은
동화작가 정선애

차례

들어가며 : 4

 용돈이 줄줄 새다 : 10

 건물주 누나, 정빛나 : 18

 우리는 용용 클럽 : 27

 기록하라! 용돈의 흐름을 : 39

내 힘으로 돈 벌기 프로젝트 : 62

 돈이 돈을 끌어당겨 : 79

 투자하는 응응 클럽 : 91

 모두가 행복해지는 착한 소비 : 103

 나도 선한 부자가 될 거야 : 114

 우리도 경제 독립을 할 수 있어요 : 131

나오며 : 150

용돈이 줄줄 새다

 모두가 잠든 어두운 밤, 지용이 방에서 환한 불빛이 새어 나왔다. 주무시다 깬 엄마가 부엌에서 물을 마시려다 불이 켜진 걸 보았다. 엄마는 가만히 다가가 지용이 방문에 귀를 대 보았다.
 '타다닥, 타다닥.'
 컴퓨터 자판을 두드리는 소리가 들렸다.
 엄마는 조심스레 방문을 열었다. 헤드셋을 끼고 있던 지용이는 아무것도 모른 채 게임 삼매경에 빠져 있었다.
 "앗싸, 그렇지! 하하하. 너희는 나한테 상대가 안 돼. 나는 레벨 업 아이템을 구매할 거거든."

게임 아이템을 구매하기 위해 마우스를 누르자 결제창이 떴다. 재빠르게 클릭하는 순간, 머리에 꿀밤이 날아왔다.

"아야! 어, 어, 엄마!"

지용이는 깜짝 놀라 게임을 멈추고 헤드셋을 벗었다.

"지용이, 너! 지금이 몇 시야?"

"엄마! 지금 가장 중요한 순간이었는데……. 엄마 때문에 망쳤잖아요."

"이 녀석이 아직도 정신을 못 차리고!"

순간, 엄마의 강력한 두 번째 꿀밤이 날아왔다.

"앗, 아파요!"

"여름 방학 내내 게임만 할 생각이니?"

엄마의 얼굴에 어두운 그림자가 드리워졌다. 지용이는 그제야 엄마의 눈치를 살피며 우물쭈물 말했다.

"조금밖에 안 했어요. 진짜예요."

"엄마가 모를 줄 알고? 너, 이번 달 용돈 얼마나 남았어?"

"갑자기 용돈은 왜요?"

"보나 마나 게임 아이템 사는 데 다 썼지?"

"어……. 그, 그게……."

지용이는 선뜻 대답을 하지 못하고 애써 비굴한 웃음을 지어 보였다. 그러자 엄마의 눈빛이 싸늘해졌다.

"안 되겠다. 아이템 구매 내역 좀 봐야겠어."

엄마는 다짜고짜 마우스를 잡고 화면에서 구매 내역 버튼을 클릭했다.

'안 돼!'

지용이는 다급하게 화면을 가리려 했지만, 엄마의 손은 빛의 속도보다 빨랐다. 순식간에 화면에 아이템 구매 흔적들이 고스란히 펼쳐졌다. 끝없이 이어지는 통에 마우스 가운데 휠 버튼을 한참을 움직여야 했다. 그동안 받은 용돈을 모조리 아이템 구매에 써 버린 것을 알게 된 엄마는 잠시 할 말을 잃은 듯했다.

모든 것을 들킨 지용이는 입술이 바짝 말랐다. 엄마의 미간이 심하게 일그러지더니 급기야는 얼굴이 화산 폭발 직전처럼 벌겋게 변해 버렸다.

"어, 엄마? 그러니까 내가 조금씩 쓴 건데……. 게임 레벨 높이려면 어쩔 수 없는…….”

"밤늦게까지 몰래 게임한 것도 모자라서 용돈을 전부 여기에 쓴 거니? 엄마, 아빠가 이 돈을 벌려면 얼마나 열심히 일해야 하는지 알아?"

평소보다 훨씬 차분한 엄마의 목소리가 마치 사형 선고를 내리는 판사의 목소리같이 들렸다.

"앞으론 용돈을 반으로 줄일 거야. 돈의 소중함을 알 때까진 올려 주는 일은 절대 없을 테니, 그런 줄 알아!"

"엄마, 갑자기 그러면 어떡해요? 반으로 줄이는 건 너무 하잖아요. 친구랑 간식도 사 먹어야 하고, 친구 생일도 챙겨 줘야 하는데…….”

"만 오천 원도 큰돈이야. 네가 아껴 쓰기만 한다면 그 돈으로도 충분하지. 그리고 앞으론 게임 금지야."

"네? 그건 너무 심한 거 아니에요?"

엄마는 손을 들어 책상 위에 붙어 있는 서약서를 가리켰다.

"저기에 뭐라고 적혀 있는지 읽어 봐."

지용이는 떨리는 목소리로 한 글자씩 읽어 나갔다.

"지용이의 약속! 나는 공부를 끝낸 뒤 스스로 하루에 1시간만 게임을 한다. 약속을 어길 시에는 경고를 받는다. 경고를 세 번 받은 날부터는 게임 금지! 그리고 가게 일도 돕는다."

서약서 맨 아래에는 지용이와 엄마, 아빠가 함께 한 사인도 커다랗게 있었다. 지난 3월, 5학년이 시작될 때 가족회의 시간에 쓴 서약서였다. 지용이는 등골이 서늘해졌다.

"이 약속 기억하지? 그동안 스스로 잘 지켰다고 생각하니?"

지용이는 차마 어떤 말도 할 수 없었다. 방학하고부터는 엄마 눈을 피해 밤마다 게임을 했기 때문이다. 쭈뼛거리기만 하는 지용이를 바라보며 엄마는 최후의 통첩을 날렸다.

"오늘이 바로 세 번째 경고를 받은 날이야. 더군다나 엄마, 아빠의 눈을 피해 이 늦은 시간에 게임을 한다는 건 절대 용납할 수 없어. 약속대로 넌 이제 게임 오버야."

엄마가 힘주어 말한 '게임 오버'라는 말이 화살처럼 지용이 가슴에 콕 박혔다. 지용이는 할 말이 뚝 끊겼다. 고개를 떨군 지용이와는 반대로 엄마는 고개를 뒤로 젖히고 화를 가라앉히기 힘든 듯 뒷머리를 잡으며 깊은 숨을 내쉬었다.

엄마는 즉시 휴대전화와 연동된 차단 앱을 켰다. 지용이의 컴퓨터와 휴대전화로는 더 이상 게임을 하지 못하게 잠금 설정 버튼을 눌렀다.

"어서 자. 아빠한테는 내일 아침에 말씀드릴 테니까."

엄마가 방에서 나가자 지용이는 침대에 쓰러지듯 누웠다. 이불을 머리끝까지 끌어 올렸다.

'으악, 이제 어떡해! 게임도 못 하고 용돈도 줄고 이게 뭐야. 나더러 어쩌라고!'

쉴 새 없이 이불 킥을 했다. 발길질을 아무리 해도 마음은 계속 답답하기만 했다. 왠지 억울한 마음까지 들었다.

건물주 누나, 정빛나

어젯밤 늦게까지 속이 상해 뒤척이다 잠이 든 지용이는 아침이 되자 눈꺼풀이 무겁기만 했다.

"지용아, 일어났니?"

아빠가 방으로 들어와 지용이 등을 토닥여 주시며, 겨우 눈을 뜬 지용이를 보며 다정하게 말씀하셨다.

"지용아, 엄마에게 들었어. 아빠는 이번 일을 계기로 우리 아들이 가치 있는 일에 시간을 쓰길 바라. 그리고 돈의 소중함도 느껴 봤음 좋겠어."

"네, 아빠!"

"그래서 말인데 오늘부터 가게에 와서 일을 도우렴."

아빠 말이 끝나기가 무섭게 지용이는 자리에서 벌떡 일어났다.

"아잉, 아빠! 앞으로 저 진짜 돈 아껴 쓸게요. 한 번만 봐주세요, 네?"

지용이는 아빠에게 평소에 잘 통했던 애교 필살기를 펼쳤다.

"어리광은 그만. 꾀부리지 말고, 아침 먹고 바로 가게로 내려와."

어느 때보다 단호한 아빠의 모습에 당혹스러웠다.

'뭔가 잘못되고 있어. 이 불안한 느낌은 뭐지?'

지용이는 아침을 먹는 둥 마는 둥 하고 뾰로통한 얼굴로 아래층에 내려갔다. 엄마와 아빠는 벌써 가게를 청소하고 계셨다. 3층짜리 건물의 1층은 부모님이 운영하는 분식집, 2층은 지용이네 집, 3층은 대학생 빛나 누나네 집이다.

부모님은 세 들어 사는 처지이니 가게는 물론 집도 깨끗하게 사용해야 한다고 입버릇처럼 말씀하셨다. 건물 관리도 도맡아 하면서 주인과 같은 마음으로 건물을 애지중지하시는 모습이 어떤 때는 이상하기도 했다.

"지용아, 왔어? 빗자루로 거기 좀 깨끗하게 쓸어라."

아빠는 장대 빗자루를 들려 주셨다. 엄마는 어느새 주방에서 재료 손질을 시작했다.

'어떻게 하면 엄마, 아빠 마음을 바꾸지? 이대로는 진짜 안 되는데…….'

지용이는 깊은 고민에 빠져 넋을 놓고 있다가 그만 지나가는 사람과 부딪히고 말았다.

"앗, 죄송합니다!"

"지용아, 난 괜찮아. 오랜만이네!"

고개를 들고 보니 윗집에 사는 빛나 누나였다. 지용이는 항상 밝은 미소로 다정하게 인사를 건네는 빛나 누나를 좋아했다.

"어? 빛나 누나! 죄송해요. 제가 딴생각을 하다가 그만……."

"너야말로 괜찮니? 혹시 무슨 일 있어?"

평소와 다르게 어깨가 축 처진 지용이를 보자 빛나 누나는 걱정 어린 표정을 지었다.

"사실은 어젯밤에 용돈을 게임 아이템 사는 데 다 쓴 걸

엄마한테 들켰어요. 하루에 1시간만 하기로 한 약속을 어겨서 게임도 금지당하고, 용돈도 반으로 줄었거든요."

"저런, 그래서 이렇게 힘이 없었구나!"

"저 진짜 어떡하죠? 앞으론 게임도 못 하고 용돈도 줄어서 완전 최악이에요."

울상이 된 지용이를 보며 빛나 누나는 살며시 미소를 지었다.

"누나 생각엔 너에게 변화가 필요한 때인 것 같아. 좋은 방법을 아는데, 가르쳐 줄까?"

"정말요? 누나 제발 저 좀 도와주세요. 가르쳐만 주시면 뭐든지 다 할게요."

지용이는 한 줄기 빛을 발견한 듯 누나에게 다가갔다. 그런 지용이를 마주 보며 빛나 누나는 환하게 웃었다.

"알겠어. 누나가 오늘 외출하고 돌아와서 연락할게. 어깨 쭉 펴고, 씩씩하게! 그럼, 안녕."

"감사합니다. 잘 다녀오세요."

지용이는 자신도 모르게 허리를 깊이 숙이고 인사를 했다. 빛나 누나에게 큰절이라도 하고 싶은 마음이었다.

지용이는 힘을 내서 부모님을 도와 짐을 옮기고 식당의 테이블도 닦았다. 이마에 땀이 송골송골 맺혔다. 지용이는 허드렛일만 했는데도 힘이 드는데 부모님은 콧노래까지 부르며 열심히 음식을 준비하고 계셨다.

'그동안 이렇게 힘든 일을 엄마, 아빠 두 분이 하셨구나. 왠지 죄송한걸.'

지용이는 평소에 학교를 마치면 가게에 들러서 간식만 먹고 다시 학원으로 가기 바빴다. 부모님이 이렇게 많은 일을 하시는지는 전혀 몰랐다.

"지용아, 고생했어! 우리도 맛있게 먹자."

엄마는 점심을 뚝딱 차려 주셨다. 열심히 일하고 먹으니 꿀맛이었다.

"여보, 어제 부동산에서 전화가 왔는데 건물주가 바뀌었대요. 그게 누군 줄 알면 아마 깜짝 놀랄 거예요."

엄마는 숟가락을 내려놓으며 심각한 얼굴로 말씀하셨다.

"그래요? 누구길래?"

아빠도 궁금해서 못 참겠다는 표정이었다.

"새로운 건물주가 바로, 3층에 사는 빛나래요. 도무지 믿기지가 않아요."

"뭐, 뭐라고요? 진짜? 컥!"

아빠는 너무 놀라서 그만 사레가 들렸다. 옆에서 부모님의 말씀을 듣던 지용이도 깜짝 놀라 젓가락을 바닥에 떨어뜨렸다.

"엄마! 어떻게 대학생이 벌써 건물주가 될 수 있어요?"

"그러게. 엄마도 많이 놀랐어. 부동산 사장님 말씀으론 빛나 부모님이 좀 도와주시긴 했지만, 빛나가 어릴 때부터 경제에 관심이 많아서 스스로 번 돈이 꽤 많았대. 자세한 건 모르고, 거기까지만 들었어."

"이야, 세상 오래 살고 볼 일이야. 아직 20대 초반인데 벌써 건물주라니. 대단하다."

아빠 말에 지용이는 온몸에 소름이 돋는 것 같았다. 아침에 빛나 누나가 했던 말이 머릿속에서 윙윙 울렸다.

'누나 생각엔 너에게 변화가 필요한 때인 것 같아. 좋은 방법을 아는데. 가르쳐 줄까?'

빛나 누나가 가르쳐 줄 내용이 벌써부터 기대가 되었다.

심장이 쿵쾅쿵쾅 울려 대는 통에 마음이 쉽게 진정되지 않았다.

"지용아, 밥 안 먹고 뭐 해? 학원 가기 전에 든든하게 먹고 가."

"그래. 우리 지용이도 열심히 공부해서 빛나처럼 스스로 경제 독립을 이뤄 봐. 멋지잖아?"

"당신도 참! 공부 잘한다고 아무나 돈 벌어요? 돈 버는 머리도 타고나는 거지."

"아, 그런가? 허허허. 그래, 열심히만 한다고 돈이 쌓이는 것도 아니더라."

씁쓸한 표정을 짓는 부모님을 보니 부모님을 설득해서 용돈을 올리기는 힘들 것 같았다.

'빛나 누나라면 줄어든 용돈으로 살아 낼 방법을 알고 있을지도 몰라. 아니면 용돈 버는 법을 가르쳐 줄 수도 있지 않을까? 누나에게 딱 붙어서 진짜 제대로 배워 봐야지.'

자신 있는 표정으로 당당히 걸어가던 빛나 누나를 떠올리니 배시시 미소가 지어졌다.

우리는 응응 클럽

지용이는 빛나 누나를 만날 생각에 집으로 돌아오는 발걸음이 빨라졌다. 계단을 오르는데 위쪽에서 소리가 들렸다.

"지용이니?"

"빛나 누나 왔어요?"

"응. 나도 지금 막 도착했어. 30분 뒤에 우리 옥상에서 만날까?"

"네, 알겠습니다!"

지용이는 약속 시간에 맞춰 옥상으로 갔다. 오랜만에 올라와 본 옥상은 훌륭한 정원으로 변해 있었다. 각종 채소와

꽃 화분으로 가득했다.

"벌써 와 있었네. 여기 어때? 예쁘지?"

환하게 미소 짓는 빛나 누나가 지용이 눈에는 옥상에 핀 꽃보다도 더 빛나 보였다.

"네! 누나가 더 예뻐……. 아니, 그게 아니고……. 여기 언제 이렇게 변했어요?"

지용이는 순간 얼굴이 붉어졌다.

"몰랐구나. 너희 어머니께서 이렇게 관리해 주신 거야. 가게에서 쓸 채소도 직접 기르시고 정말 부지런한 분이셔. 나도

보고 배우는 게 많아. 지용이는 좋은 부모님을 둬서 좋겠다."

"헤헤, 그렇죠. 오늘 처음으로 가게 일을 조금 도와드렸는데 정말 할 일이 많더라고요. 그동안 놀기만 해서 죄송한 마음이 들었어요."

지용이가 머리를 긁적이자 빛나 누나는 손뼉을 마주쳤다.

"와, 시작이 좋은데? 그런 마음가짐이라면 내가 알려 줄 이야기가 잘 통할 것 같아. 그럼, 우리 시작해 볼까?"

"네, 좋아요!"

둘은 옥상 가운데 있는 평상에 마주 보고 앉았다.

그리고 빛나 누나는 더위를 식혀 줄 음료수를 가방에서 꺼냈다.

"이거 마시면서 하자. 지용이는 지금 가장 원하는 게 뭐야?"

"저는 우선 용돈을 원래대로 받고 싶어요. 3만 원도 사실 부족했었거든요. 게임을 못 하는 건 제가 약속을 어긴 거라 받아들이겠는데 갑자기 용돈을 줄이는 건 아닌 것 같아요. 진짜 억울해요."

빛나 누나는 수첩에 지용이가 말한 내용을 빠르게 받아 적었다. 지용이는 인터뷰를 하는 듯한 느낌이 들었다.

"지용이의 마음도 이해돼. 그런데 사실 용돈이 얼마인지는 크게 중요하지 않아."

"네? 용돈이 얼마인지가 중요하지 않다니요?"

놀란 지용이의 표정을 보고 빛나 누나는 차분하게 말했다.

"진짜 중요한 건 적은 용돈이라도 네가 스스로 관리하고 경영하는 거지."

"용돈을 관리하고 경영하라고요? 경영한다는 게 무슨 뜻이에요?"

"경영은 관리하고 운영하는 걸 말해. 계획을 세워서 목표한 일을 해 나가는 거지. 지용이에게 주어진 용돈도 그냥 막 쓰는 것보단 계획을 세우고 쓰면 여유 있게 잘 쓸 수 있어."

지용이는 처음 듣는 낯선 말에 목이 말라 음료를 벌컥벌컥 들이켰다.

"자, 그러면 누나가 몇 가지만 더 물어볼게! 솔직하게 대답해 줘. 용돈을 받으면 어디에 사용할지 계획을 세운 적 있니?"

"아니요."

"용돈 기록장은 쓰고 있니?"

"네? 아, 아니요."

빛나 누나는 수첩에 'NO'라고 받아 적었다. 그걸 보니 왠지 오답만 말하는 것 같아 지용이는 기분이 이상했다. 빛나 누나는 잠시 생각에 잠긴 듯하더니 지용이의 눈을 똑바로 바라보며 말했다.

"지용아, 누나 생각에는 용돈을 잘 사용하는 방법부터 배우면 좋을 것 같아. 누나가 어렸을 때부터 스스로 용돈을 관리하고 돈에 대해 꾸준히 공부하면서 얻은 나만의 비법이 있거든. 네가 좋다고 하면 그걸 알려 주고 싶어."

"정말요? 그럼 당연히 배워야죠. 이런 좋은 기회가 또 어디 있겠어요?"

지용이는 두 손을 가슴 앞에 모으고 눈을 깜빡거리며 애교를 부렸다. 지용이의 귀여움에 빛나 누나는 큰 소리로 웃었다.

"아무래도 혼자보다 친구들과 함께하면 더 재밌을 거야. 같이해 볼 만한 친구들이 있니?"

"그럼요. 있고말고요. 제 절친들에게 말해 볼게요."

"그래! 다 모아지면 누나한테 문자 보내."

빛나 누나는 메모지에 전화번호를 적어 주었다. 지용이는 입이 귀에 걸린 듯 함박웃음을 지었다.

"고맙습니다, 누나! 문자 할게요."

"그래, 지용아! 우리 잘해 보자!"

지용이는 설레는 마음으로 친구들과 함께하는 단체 대화방에 글을 남겼다.

지용이의 글을 보고 하나둘 답변이 왔다.

한동네에 사는 친구들은 쏜살같이 놀이터에 모였다. 넷은 동그랗게 모여 앉았다. 다들 지용이의 이야기가 궁금한 모양이었다.

"빨리 말해 줘. 뭐가 어떻게 된 거야?"

라미가 재촉하자 지용이는 숨을 크게 들이마셨다 내뱉었다.

"그러니까, 그게……. 내가 엄마한테 게임하다 들켜서 게임 금지에, 용돈이 반으로 줄었거든. 근데 여기에 반전이 있어!"

"뭐야, 뭐야? 궁금하게. 뜸 들이지 말고 얼른 말해."

이번에도 라미가 지용이의 옆구리를 쿡쿡 찔러 댔다.

"내가 절망에 빠져 있을 때 구세주가 나타났어. 바로 빛나 누나!"

"빛나 누나가 누군데? 자세히 설명해 봐."

작은 것도 그냥 넘어가지 않는 예리한 한샘이가 말했다.

"빛나 누나는 3층에 사는 대학생 누나야. 심지어 우리 건물의 주인이지. 건물주!"

"뭐래? 대학생이 어떻게 건물주가 되냐? 부모님께 미리 상속받은 거겠지."

수지가 매서운 눈빛으로 말했다.

"오, 수지! 너 진짜 똑똑하다. 부모님이 조금 도와주셨지만 거의 누나가 모은 돈으로 건물을 산 거래. 진짜 부자인 거지. 그런 누나가 나를 도와주기로 했다고."

지용이는 감격스러운 표정으로 친구들을 바라봤다.

나머지 세 사람은 고개를 절레절레 흔들었다.

"뭘 어떻게 도와준다는데?"

"용돈을 관리하고 경영하는 방법을 가르쳐 준다고 했어. 그게 뭔지 정확히 모르겠지만……. 아무튼 적은 용돈도 잘 사용하는 누나만의 비법이 있대."

"그걸 공짜로 가르쳐 준다고?"

한샘이가 놀란 표정을 지으며 물었다.

"누나는 천사라니까. 나 혼자보다는 친구들과 함께하면 더 재밌을 거라고 친구들을 모아 보라고 해서 너희한테 말하는 거야. 재밌을 것 같지 않아? 이건 아무한테나 해 줄 수 있는 게 아니야. 너희니까 알려 주는 거라고."

지용이 말이 끝나기가 무섭게 라미가 대답했다.

"아직 젊은데 벌써 건물주라면 지용이 말대로 뭔가 특별한 게 있을 것 같아. 난 찬성!"

라미의 말에 한샘이도 연이어 말했다.

"나도 돈에 대해서는 좀 아는데 어떤 비법이 있을지 궁금해. 나도 해 볼래."

지용이는 침을 꿀꺽 삼키며 수지를 바라봤다. 수지는 팔짱을 끼며 말했다.

"용돈을 잘 쓰고, 돈을 모아 불리는 방법까지 알려 줄까? 나는 그런 현실적인 게 좋거든."

"수지야, 당연하지. 빛나 누나가 건물주잖아. 이것으로 충분히 답이 되지 않니?"

모처럼 반짝거리는 지용이의 눈을 보고 수지는 헛웃음을 지었다.

"그래, 알겠어. 안 배우는 것보단 배우는 게 좋을 것 같아. 나도 할게."

"앗싸, 됐어! 우리는 이제 용돈을 관리하는 한 팀이야. 하하하."

"말 나온 김에 우리, 팀 이름을 정하자."

아이디어 뱅크 라미가 잔뜩 신이 나서 말했다.

"우리가 모두 용띠, 우리의 목적이 용돈 관리. 용과 용이 만났으니까 용용 클럽 어때?"

한샘이의 말에 모두 엄지를 치켜세웠다.

"대박! 좋은 이름인데?"

"용용 클럽. 입에 착착 붙는다. 왠지 좋은 일이 생길 것만 같아."

"그래! 우리가 잘 배워서 용처럼 승천하는 거야. 우리도 건물주가 되는 거지!"

지용이는 자리에서 폴짝폴짝 뛰었다.

"하여튼 못 말린다니까! 하하하."

라미, 수지, 한샘 그리고 지용이의 얼굴에 웃음꽃이 피었다.

기록하라! 용돈의 흐름을

 여름 방학이 끝나고 새 학기가 시작되었다. 용용 클럽의 첫 모임은 지용이 집에서 하게 되었다. 지용이 부모님이 흔쾌히 허락해 주셔서 모두 한자리에 모일 수 있었다. 빛나 누나를 처음 보는 아이들은 살짝 긴장한 표정이었다.

 "모두 모였지? 정식으로 소개할게. 내 이름은 정빛나. 한강 대학교 경영학과에 다니고 있어. 만나서 반가워."

 "멋져요! 언니 한강대 다녀요? 대단해요. 저는 안라미라고 합니다."

 라미는 눈웃음을 가득 짓고는 갑자기 코맹맹이 소리를 냈다.

"누나 앞으로 잘 부탁드립니다. 전 김한샘입니다."

한샘이는 갑자기 일어나 허리를 90도로 숙이며 정중하게 인사했다.

"저는 이수지예요. 좋은 자리 만들어 주셔서 감사합니다."

수지도 예의를 갖춘 모습이었다. 평소와는 다른 세 친구의 모습을 보고 지용이는 웃음이 저절로 나왔다.

"너희들 뭐냐? 완전 소름. 평소처럼 하라고."

지용이의 말에 세 친구는 멋쩍은 표정을 지었다.

"나도 용용 클럽과 함께할 수 있어 정말 기뻐. 나는 세계적으로 영향력 있는 리더가 되는 게 꿈이야. 그래서 오래전부터 기회가 된다면 동생들에게 용돈을 잘 관리해서 돈의 주인이 되는 방법을 알려 주고 싶었어. 너희들이 나의 첫 멘티야. 내가 멘토로서 잘 알려 주고 도와줄게."

온화한 미소와 부드러운 말투의 빛나 누나를 보는 아이들의 눈에선 저절로 하트가 튀어나왔다.

"제가 돈의 주인이 된다니……. 그런 생각은 한 번도 해 본 적이 없어요. 상상만 해도 멋져요."

지용이는 돈방석에 앉아 있는 자기 모습을 상상해 보았다.

"빛나 언니가 천사로 보여요. 저희도 열심히 해 볼게요. 호호호."

라미의 말에 모두 웃음을 터뜨렸다. 한바탕 웃고 나니 긴장도 풀리고 편안한 분위기가 되었다. 빛나 누나는 가방에서 스마트 패드를 꺼내며 말했다.

"좋아. 너희들 졸업할 때까지 우리 즐겁게 해 보자. 내가 미리 내 준 숙제는 모두 해 왔니?"

며칠 전 용용 클럽을 결성했을 때 빛나 누나가 내 준 숙제가 있었다. 아이들은 고개를 끄덕인 후 노트와 펜을 꺼내 들었다.

"역시 멋진걸! 그럼, 각자 해 온 숙제를 발표해 볼까? 용용 클럽에서 자신이 이루고 싶은 목표는 무엇인가요? 누가 먼저 말해 볼래?"

서로 눈치만 보고 있는 사이 수지가 손을 번쩍 들었다.

"제가 발표할게요. 저는 용용 클럽에서 용돈 관리법을 배워서 나만의 비상금 통장에 차곡차곡 돈을 모으고 싶어요.

그렇게 모은 돈으로 스무 살이 되면 유럽 여행을 가려고요."

수지의 발표가 끝나자 아이들은 물개처럼 환호하며 손뼉을 쳤다.

"정말 좋은 목표야. 원하는 게 구체적이라서 좋다."

빛나 누나도 수지를 한껏 칭찬했다. 빛나 누나가 나머지 세 아이를 쳐다보자 한샘이가 손을 들었다.

"저는 용용 클럽에서 용돈을 잘 쓰는 방법과 학생이지만 스스로 돈을 버는 방법을 배우고 싶어요. 제 힘으로 돈을 벌어 보는 게 목표거든요."

한샘이의 말을 듣고 모두 감탄을 쏟아 냈다.

"이야, 한샘이의 목표도 근사하다! 스스로 돈을 버는 방법? 물론 있지. 앞으로 하나씩 알려 줄게."

다음엔 라미가 손을 들었다.

"저는 용용 클럽을 통해 용돈을 잘 모아서 우리 UTS 오빠들 콘서트장 가는 게 목표입니다. 제일 좋은 VIP석으로요. 꺄! 생각만 해도 설레요. 앙, 어떡해?"

두 눈을 질끈 감고 좋아하는 라미를 보며 또 웃음이 터졌다.

"라미가 UTS를 좋아하는구나. 정말 신나는 목표네. 꼭 이루길 바란다. 하하."

지용이는 세 친구의 발표를 듣고 뜨끔했다. 자신이 쓴 글을 다시 보자 짧은 한숨이 새어 나왔다.

"마지막으로 지용이도 발표해 볼까?"

"아, 저는 얘네들이 이렇게 깊이 생각해 올 줄 몰랐어요. 제 목표는 진짜 단순하거든요."

"목표는 사람마다 다 다르니까 괜찮아. 게다가 지금 세운 목표는 끝이 아닌 시작인걸. 편하게 말해 봐."

빛나 누나의 따뜻한 말에 지용이는 헛기침을 한 번 하고는 발표를 시작했다.

"제 목표는 용용 클럽에서 돈을 잘 쓰는 방법을 터득한 뒤, 흠흠. 엄마, 아빠 눈치 보지 않고 제 돈으로 마음껏 게임을 하는 것입니다."

"큭!"

"정말!"

"역시 지용이다."

라미, 수지, 한샘이는 한마디씩 하며 지용이를 한심하다는 듯 쳐다봤다. 지용이도 자신이 부끄러워 노트로 얼굴을 가렸다.

"목표를 솔직하게 얘기해 줘서 고마워 애들아. 지금은 조금 단순한 목표라도 상관없어. 용용 클럽에서 하나씩 배워 가다 보면 지금 말한 목표는 조금씩 달라지게 될 거야. 그러니 우리 서로 용기를 주고 함께 똘똘 뭉쳐서 해 보자. 알겠지?"

"네, 충성!"

뻘쭘해하던 지용이가 가장 큰 목소리로 대답했다. 빛나 누나는 스마트 패드를 켜서 사진 하나를 보여 줬다.

"애들아, 이게 뭔 줄 알아?"

사진 속에는 분홍색 노트가 있었고 노트 중앙에는 '빛나의 용돈 기록장'이라는 글자가 쓰여 있었다.

"아, 언니의 용돈 기록장이죠?"

"맞아. 정확히는 내가 초등학교 4학년 때 쓰던 용돈 기록장이지."

빛나 누나는 화면을 터치해서 다음 장을 보여 줬다. 용용 클럽 아이들이 평소에 보던 용돈 기록장과는 뭔가 달라 보였다. 글자와 숫자들이 빼곡하게 쓰여 있었다.

"애들아, 내가 쓴 용돈 기록장을 보면서 일반적인 용돈 기록장과는 뭐가 다른지 찾아볼래?"

아이들은 화면을 뚫을 듯이 열심히 쳐다보았다. 가장 먼저 한샘이가 말했다.

"용돈을 일주일에 한 번씩 받은 거요. 저는 보통 한 달에 한 번 받거든요."

"맞아. 우리 부모님은 일요일마다 용돈을 주셨어."

관찰력이 좋은 수지도 연이어 말했다.

"용돈 예산 세우기와 용돈 사용 돌아보기 칸이 있어요. 미리 계획하고 또 반성하는 내용이 적혀 있는 게 특이해요."

"수지도 잘 찾았구나. 맞아! 나는 항상 용돈을 받으면 미리 어디에 쓸 건지 적었어. 한 주가 끝날 때마다 용돈을 쓴 곳을 점검하고 어떤 것을 바꿔야 할지 돌아봤어."

"와, 정말 멋져요! 어떻게 4학년인데 이렇게 꼼꼼하게 할 수 있죠?"

라미는 감동에 젖은 표정이었다. 지용이도 한마디 거들었다.

"이 용돈 기록장은 뭔가 특별해요. 그냥 들어온 돈, 나간 돈, 남은 돈만 쓰던 거랑은 확실히 다른 것 같아요."

"왜냐하면 이 용돈 기록장은 내 부모님이 만들어 주신 거라서 그래. 부모님은 내가 고학년이 되자 스스로 용돈을 관리할 수 있게 도와주셨어. 우리가 방학하면 방학 계획표를 세우듯이 용돈을 받으면 용돈을 어떻게 쓰고 얼마나 저축할지 계획부터 세우게 하신 거야."

수지는 내려온 안경을 올리며 물었다.

"그런데 이렇게 해서 진짜 도움이 됐어요?"

"물론이지. 처음에는 나도 힘들고 왜 이렇게까지 써야 하나 생각했거든. 그런데 용돈을 꼼꼼하게 기록하니까 확실히 돈을 꼭 필요한 곳에만 쓰게 되고 저금도 꾸준히 할 수 있게 되었어."

"그건 누나라서 가능했던 거 아닐까요? 누난 똑똑하고, 지혜롭고, 뛰어나고 그러니까요."

지용이는 걱정스러운 얼굴로 말했다.

"지용아, 좋게 봐 줘서 고마워. 누구나 처음 할 땐 어렵고 낯설어. 하지만 매일 조금씩 꾸준히 하다 보면 언제 그랬냐는 듯 편안해져. 심지어 용돈 기록장을 하루라도 안 쓰면 뭔가 허전할 정도가 된다니까."

빛나 누나의 말에 용용 클럽 아이들은 안심하는 표정이었다.

"자, 그럼! 용용 클럽 첫 번째 미션은 '2주 동안 용돈 기록장을 작성하라!'야."

빛나 누나는 직접 제작한 용돈 기록장을 아이들 앞에 놓았다. 아이들은 특별한 기록장이라며 좋아했다.

"용돈 예산 세우기는 한 주 동안 용돈을 어디에 쓸 건지, 저금은 얼마나 할 건지 그런 계획을 세우는 거야. 지금 한 달씩 용돈을 받는다면 부모님께 일주일에 한 번씩 용돈을 달라고 부탁드려 봐. 그렇게 한번 운영해 보고 다시 만나자."

"언니, 이렇게 해 보다가 힘들면 SOS 요청해도 되죠?"

라미의 말에 빛나 누나는 밝은 표정을 지으며 말했다.

"당연하지. 궁금한 점, 어려운 점은 언제든지 단체 대화방에 남겨 줘. 시작이 반이라는 말도 있잖아? 이렇게 시작했다는 것 자체만으로도 이미 훌륭해."

지용이가 갑자기 친구들 앞으로 손을 뻗었다. 그러자 한샘, 라미, 수지 그리고 빛나 누나의 손까지 그 위에 차례대로 포개어졌다. '하나, 둘, 셋!' 구호에 맞춰 큰 소리로 외쳤다.

"우리 용용 클럽 파이팅!"

드디어 2주 뒤 두 번째 모임 날이 되었다. 지용이는 휘파람을 불며 용용 클럽 모임 장소인 도서관으로 향했다. 추석 때 받은 용돈 덕분에 발걸음이 무척 가벼웠다.

'이 많은 돈을 어디에 쓸까? 생각만 해도 행복하다. 크크.'

혼자서 배시시 웃으며 다가오는 지용이를 보고 먼저 와서 기다리고 있던 친구들이 한마디씩 했다.

"지용이 좀 이상한데?"

"추석 때 뭐 잘못 먹은 거 아냐?"

"졸리다고 도서관 오는 거 피하기만 하던 애가 갑자기 웃으면서 오니까 무섭다."

지용이는 친구들의 말을 듣는 둥 마는 둥 웃기만 했다.

"애들아, 안녕? 잘 지냈어?"

멀리서 빛나 누나가 손을 흔들며 다가오자 라미가 한걸음에 달려갔다.

"언니! 잘 지냈어요? 보고 싶었어요."

"나도 너희들이 많이 보고 싶었어. 우리 저기 강의실로 들어가자."

빛나 누나는 용용 클럽을 위해 미리 강의실을 빌려 뒀다.

"다들 추석 연휴는 잘 보냈니? 너희들 표정을 보니 용돈도 꽤 많이 받은 것 같은데?"

빛나 누나는 아이들을 한 사람씩 돌아보며 말했다.

"누나, 저는 역대급으로 많이 받았어요. 미국에 계신 삼촌이 오랜만에 오셨는데 진짜 크게 쏘셨어요. 으하하."

지용이는 신이 난 나머지 엉덩이를 씰룩이며 말했다. 다른 친구들도 용돈을 많이 받아서 기분이 좋은 건 마찬가지였다.

"와, 평소보다 큰 수입이 생겼구나! 정말 축하해."

빛나 누나는 기뻐하는 아이들을 보며 손뼉을 쳤다.

"2주 동안 용돈 기록장 쓰는 건 좀 어땠어? 단체 대화방에 인증한 걸 보니까 너희들 정말 성실하더라. 사실 좀 놀랐어."

빛나 누나는 아이들이 스스로 해낸 것을 대견해했다.

"평소에는 쓰지 않던 용돈 기록장을 꼼꼼하게 적다 보니 돈을 더 아껴 쓰게 됐어요."

수지의 말에 라미도 맞장구를 쳤다.

"맞아요. 저도 매일 간식 사 먹는 게 당연한 거였는데 용돈이 팍팍 줄어드는 게 보이니까 아깝더라고요. 그래서 머리를 좀 써서 간식은 엄마 돈으로 샀답니다. 호호호."

라미는 한쪽 눈을 찡긋거렸다. 그 모습에 한샘이가 한마디 했다.

"역시 라미야. 사실 저도 용돈 기록장을 쓰면서 저의 소비 패턴을 발견했어요. 기록하니까 평소보다 쓰는 건 줄이고 저금은 더 하게 되었어요."

친구들의 말에 빛나 누나는 감동한 표정이었다. 하지만 지용이는 어색한 미소만 짓고 있었다.

"지용아, 너는 어땠어?"

"아……. 저, 저는요. 사실 기록하는 게 좀 어려웠어요. 습관이 안 돼서 그런지 자꾸 까먹어서 미뤘다가 한꺼번에 했어요. 죄송해요."

지용이는 어느새 귀가 빨개졌다.

"지금은 기초를 쌓는 과정이니까 천천히 해 나가면 돼. 공들인 만큼 용돈 관리 능력도 탄탄해질 거니까, 걱정하지 말고."

"네! 앞으로 열심히 할게요. 얘들아, 너희들도 나 좀 도와주라. 정신이 번쩍 들게 좀 해 줘!"

지용이 말이 끝나자마자 라미가 얼음이 담긴 물통을 지용이 이마에 갖다 댔다.

"앗, 차가워!"

"어때? 정신이 번쩍 들지? 지용이 정신은 나에게 맡겨."

엉뚱한 라미의 행동에 모두 한바탕 웃었다.

"우리 지금처럼 꾸준히 용돈 기록장을 쓰면서 관리해 나가도록 하자."

"네, 알겠습니다!"

아이들은 한목소리로 대답했다.

"오늘은 너희에게 생긴 큰 용돈을 어떻게 관리하면 좋을지 이야기 나눠 보려고 해."

빛나 누나는 펜을 들고 칠판 앞에 섰다.

"우리가 일 년을 돌아봤을 때 갑자기 큰 용돈을 받을 때가 있잖아. 언제인 거 같아?"

"설날이요. 세뱃돈 받잖아요."

"추석에 친척들 만났을 때요."

"생일에도 할머니, 할아버지께서 용돈을 주세요."

빛나 누나는 아이들이 말하는 것을 모두 칠판에 적었다.

"이렇게 적고 보니 일 년에 3번 정도는 큰 용돈을 받고 있구나. 너희는 그동안 특별 용돈을 어떻게 관리했니?"

"엄마한테 맡겼어요."

한샘, 라미, 수지는 동시에 똑같이 말했다. 지용이는 두 눈이 커다래졌다.

"진짜? 나는 내가 받은 거라서 무조건 내가 썼는데……."

빛나 누나는 지용이를 바라보며 물었다.

"그렇구나. 이번에 받은 용돈은 어떻게 쓸 계획이니?"

"저를 위해 특별한 걸 사려고요. 게임 금지당한 뒤로 진짜 힘들었거든요."

"설마 너 게임기 사려는 거 아니지?"

예리한 수지의 물음에 지용이는 뜨끔했다.

"앗! 어떻게 알았어? 휴대용 게임기 사려고 했는데……."

"뭐라고? 부모님이 허락하시겠냐?"

한샘이와 라미의 표정을 보니 지용이는 이번에도 뭔가 잘못 대답한 것 같아 진땀이 났다. 그러자 빛나 누나는 손가락을 '딱!' 소리가 나게 튕겨 이목을 집중시켰다.

"자, 용용 클럽 여러분! 용돈을 잘 관리하는 첫 번째 방법이 뭐였죠?"

빛나 누나가 진지하게 물어보자 아이들은 큰 소리로 대답했다.

"용돈 기록장 쓰기요."

"맞아. 용돈을 관리하는 두 번째 방법은, 바로 용돈 쪼개기야."

아이들은 낯선 단어에 궁금증이 커졌다.

"용돈 쪼개기요?"

"그게 뭐예요?"

호기심에 가득 찬 아이들 눈빛을 보자 빛나 누나는 부드러운 미소를 지으며 말했다.

"나는 세 개의 저금통을 가지고 있어. 비상금 저금통, 꿈 저금통, 기부 저금통."

빛나 누나는 말을 하면서 칠판에 적었다. 궁금함을 참지 못한 라미가 말했다.

"언니, 제가 먼저 맞혀 볼래요! 비상금은 급하게 돈이 필요할 때를 대비한 거 맞죠?"

"맞았어."

연이어 수지도 말했다.

"꿈 저금통은 언니의 꿈을 이루는 데 필요한 돈을 모으는 저금통 같아요."

"와, 수지도 정확하게 맞혔다!"

지용이도 이에 질세라 얼른 말했다.

"저도 기부 저금통은 확실히 알겠어요. 어려운 사람을 도와주려고 저금하는 거죠?"

"그렇지."

빛나 누나의 밝은 미소에 지용이는 어깨가 으쓱해졌다.

옆에서 골똘히 생각하던 한샘이도 말했다.

"용돈을 받으면 쓰임에 따라 세 가지로 나눴다는 뜻이군요."

여기저기서 "아하!" 하는 소리가 터져 나왔다.

"나는 어렸을 때부터 용돈을 받으면 이렇게 세 개의 저금통에 돈을 나누어 보관했어."

빛나 누나는 가져온 세 개의 저금통을 책상 위에 올려놓았다. 저금통에는 각각 '비상금, 꿈, 기부'라고 적혀 있었다. 아이들은 저금통을 요리조리 만져 보았다.

"돈이 생기면 처음부터 나눠. 내가 쓸 돈, 남을 도와줄 돈, 내 꿈에 투자할 돈으로 말이야. 설날, 추석, 생일에 받은 특별 용돈도 마찬가지로 나눠서 관리했지."

"헉! 그러면 제가 쓸 돈이 너무 적어지는 거 아닐까요?"

지용이는 울상을 지으며 말했다.

"쓰고 나서 남은 돈을 저금하기는 어려워. 그래서 나는 돈을 쓰기 전에 미리 돈을 나눴어. 딱 쓸 만큼만 빼놓고 나머지를 저금했지."

"와! 돈을 이렇게 쪼개서 저축하는 건지 몰랐어요. 뭔가 멋져요."

한샘이는 빛나 누나를 향해 엄지를 치켜세웠다.

"용돈은 내가 마음껏 쓰는 돈이라고 생각했는데 용돈 안에서 남을 위한 기부와 내 꿈을 위한 저금을 생각하다니 대단해요."

수지도 빛나 누나를 존경의 눈빛으로 바라봤다.

"그렇게 생각해 주니 고마워. 이건 내가 어렸을 때 읽은 동화책 덕분이야. 주인공이 이렇게 돈을 관리하는 걸 보고 바로 실천했어."

"어? 그런 책이 있어요? 나도 읽어야겠다."

라미는 결심한 듯 두 주먹을 불끈 쥐었다.

"너희들 '티끌 모아 태산'이라는 말 알지? 적은 돈이라도 꿈과 기부를 위해 꾸준히 저축하다 보면 어느새 크게 불어나 있는 걸 보게 될 거야. 나는 너희들이 용돈을 잘 관리해서 자신뿐 아니라 남을 도울 수 있는 훌륭한 사람으로 자랐으면 좋겠어."

빛나 누나의 진심 어린 말에 아이들의 마음에도 따뜻함이 몽글몽글 피어났다.

"네, 언니! 그런데 질문이 있어요. 저금통이 꽉 차면 그다음엔 어떻게 하나요?"

라미의 말을 기다렸다는 듯 빛나 누나는 통장 3개를 보여 줬다.

"이렇게 은행에 맡기면 돼. 은행에 저금하면 이자도 받을 수 있어서 일거양득이지."

이번엔 한샘이가 손을 들고 물었다.

"초등학생도 혼자서 통장을 만들 수 있어요?"

"좋은 질문이다. 초등학생은 부모님과 함께 필요한 서류를 챙겨서 은행에 가면 통장을 만들 수 있어."

"와! 저도 통장을 만들어서 엄마한테 맡겨 둔 돈을 제 통장으로 옮겨야겠어요."

라미가 신나서 말했다.

"나도! 우선 이번에 받은 특별 용돈도 쪼개서 저금해야겠어."

수지도 씽긋 웃어 보였다.

'윽, 아까운 내 돈! 나를 위해서만 써도 모자랄 것 같은데……. 힝.'

부모님께 맡겨 둔 돈이 없는 지용이는 추석 때 받은 큰돈을 떠올리며 머리만 긁적거렸다. 빛나 누나는 용용 클럽 아이들을 위해 미리 준비한 저금통을 각각 세 개씩 나눠 줬다.

"이건 너희들을 위한 작은 선물이야."

저금통에는 용용 클럽 이름이 쓰여 있었다.

"감사합니다."

아이들은 저금통을 품에 안고 환하게 웃었다.

"다음에 만날 때까지 해야 할 미션은 용돈 쪼개기와 통장 만들기야. 2주 동안 용돈을 잘 관리해서 다시 만나자."

모두 밝게 웃었지만, 지용이는 이번 미션을 잘 해낼 수 있을지 걱정이 되었다. 한껏 올라갔던 어깨가 아래로 쑥 내려앉으며, 집으로 돌아가는 발걸음이 왠지 더 무겁게 느껴졌다.

용용 클럽 비법 노트

용돈 기록장을 써요!

용돈 기록장을 쓰면 용돈의 흐름을 알 수 있어요. 용돈을 어디에 쓰는지, 지나치게 많이 쓰거나 충동구매 하지는 않는지 알 수 있지요. 용돈을 잘 관리하고 싶다면 용돈 기록장 쓰기에 꼭 도전해 보세요.

용돈 받는 날 작성해요. 가지고 있는 돈이 얼마인지 먼저 파악한 다음, 얼마를 어디에 쓸지 계획해 보아요. 이렇게 미리 예산을 세워 두면 충동구매나 불필요하게 돈 쓰는 걸 막을 수 있어요.

		용돈 사용일: ○월 ○일 ~ ○월 ○일 (일주일간)			
용돈 예산 세우기	지출 계획				
	저축 계획				
날짜	내용	들어온 돈	나간 돈	남은 돈	
	합계				
용돈 사용 돌아보기	잘한 점				
	아쉬운 점				
	실천할 점				

날짜별로 들어온 돈과 나간 돈, 남은 돈을 정리해요. 그래야 용돈을 언제, 어디에, 얼마나 썼는지 쉽게 알 수 있어요.

마지막 날에 작성해요. 용돈 사용 내용을 통해 잘한 점과 아쉬운 점을 파악해 보고, 앞으로 무엇을 실천하고 싶은지 정리해 보아요. 그러면 같은 실수를 반복하지 않고 계속해서 발전해 나갈 수 있어요.

내 힘으로 돈 벌기 프로젝트

며칠 후, 해가 어스름해질 무렵. 지용이는 집에서 나와 좁은 골목길로 갔다. 누가 보지 않나 자꾸 뒤를 돌아봤다. 심장이 방망이질을 해 댔다. 한 건물 앞에 멈춰 선 지용이는 다시 한번 뒤를 살피고 건물 안으로 들어갔다. 2층으로 올라가 '코드 블랙 PC방'이라고 적혀 있는 가게 문을 열었다. 직원에게 다가가 카드를 받고 빈자리에 앉았다.

컴퓨터 화면에서 게임 아이콘을 누르려는 순간, 휴대전화의 진동이 계속 울렸다. 용용 클럽 단체 대화방에서 친구들의 대화가 한창이었다.

> 라: 얘들아, 이것 봐. 분홍 저금통으로 변신 완료! UTS 콘서트, 라미 비상금, 좋은 기부라고 적었어. 어때, 예쁘지?
>
> 수: 정말 예뻐. 나는 냥이 스티커 붙였어. 비상금, 유럽 여행, 기부를 위해서! 어때?
>
> 한: 다들 대박! 나도 부자, 꿈, 기부라고 썼어. 한다면 한다! 용용 클럽!
>
> 라: 진짜 멋지다. 그런데 지용이는 조용한데? 나지용! 나와라, 오버!
>
> 수: 지용이 너 메시지 확인한 거 다 알거든. 대답해라, 오버!
>
> 한: 아까 학원 마치자마자 왜 그렇게 빨리 뛰어갔어? 무슨 일 있어?

지용이는 손이 부르르 떨렸다. 마치 도둑질하다 들킨 것처럼 뜨끔했다.

'부모님과 게임하지 않기로 약속했는데……. 도저히 못 참겠는 걸 어떡해!'

두 손으로 머리를 헝클어뜨렸다. 때마침 한샘이에게서 전화가 왔다. 단체 대화방 알림음도 계속 울렸다. 지용이는 자리를 박차고 일어나 밖으로 뛰쳐나갔다. 놀이터까지 달리다

보니 마음이 점점 진정되었다. 크게 심호흡을 한 후 단체 대화방에 글을 남겼다.

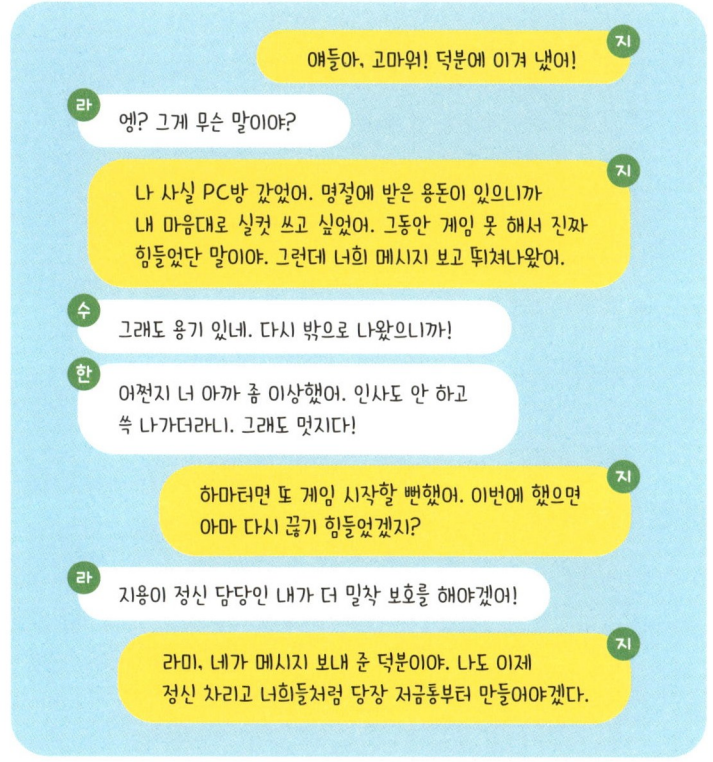

지용이는 가벼운 발걸음으로 집에 돌아갔다. 가자마자 빛나 누나가 준 저금통을 꺼냈다. 각각에 '지용이의 용돈, 지용이의 꿈, 기부왕'이라고 이름을 써서 붙였다. 곧바로 추석 때 받은 용돈을 나누어서 저금통에 각각 넣었다.

'이야, 이제야 진짜 속이 시원하네! 빛나 누나 말대로 티끌 모아 태산이다. 나도 할 수 있어!'

그때 가게 일을 마치고 돌아온 엄마가 지용이 방문을 노크하셨다.

"지용아, 학원 잘 다녀왔어?"

"네. 엄마 이것 좀 보세요. 제가 만든 저금통이에요."

엄마는 저금통을 보고 깜짝 놀란 표정을 지었다.

"와! 웬 저금통이야? 저금통마다 멋진 이름이 있네. 호호."

"제가 그동안 용돈을 펑펑 쓰기만 하고 저금은 하나도 못 했잖아요? 앞으로는 꾸준히 저금하려고요. 이번 추석 때 받은 용돈부터 저금했어요. 그리고 엄마! 저랑 같이 통장 만들러 은행 가요."

"어머나, 우리 지용이가 언제 이렇게 철이 들었어? 감동이야, 우리 아들!"

엄마는 사랑스러운 눈으로, 지용이의 머리를 쓰다듬어 주셨다. 지용이도 자신이 대견스러워 마음이 뿌듯했다.

일주일 뒤, 단체 대화방에 빛나 누나가 긴급 공지를 남겼다.

> 빛 〈번개 모임 공지〉
> 내일 시청 앞 분수 광장에서 알뜰 나눔 장터가 열려.
> 올 수 있는 친구들은 부모님 허락받고 오전 10시까지 오도록.
> 필요 없지만 버리기 아까운 물건도 가져와도 좋아.

 빛나 누나는 알뜰 나눔 장터 홍보 사진도 함께 보냈다. 지용이는 책상 속에서 안 쓰던 깨끗한 물건을 꺼내고 장난감 통에서도 어릴 때 갖고 놀던 아끼는 것들을 주섬주섬 챙겼다.
 햇살이 따뜻한 초가을 아침, 용용 클럽 아이들은 하나둘 분수 광장에 모였다.
 "애들아, 여기야 여기!"
 광장 한가운데에서 빛나 누나가 환하게 웃으며 손을 흔들고 있었다.
 "어서 와. 다들 와 줘서 고마워. 갑자기 연락해서 몇 명은 못 올 줄 알았는데……."
 "언니가 부르시는데 당연히 와야죠."
 라미는 물건이 가득한 에코백을 든 채 말했다.
 "라미는 팔 물건이 참 많네."

"잘 쓰지 않고 쌓아 뒀던 물건은 다 챙겨 왔어요. 꽤 많더라고요. 호호."

"누나, 그런데 갑자기 왜 알뜰 나눔 장터에 모이라고 한 거예요?"

한샘이가 빛나 누나에게 물었다.

"전에 한샘이가 용용 클럽에서 스스로 돈을 버는 방법을 배우고 싶다고 했지?"

"네, 맞아요!"

"나는 종종 이런 나눔 장터에서 안 쓰는 물건을 팔기도 하고 꼭 필요한 물건을 저렴한 가격에 사기도 해. 그런 경험을 너희에게도 선물하고 싶었어."

"누나가 이런 기회도 마련해 주셨는데 우리 열심히 팔아 보자. 파이팅!"

지용이가 오른팔을 높이 들며 말했다. 용용 클럽 아이들 모두 '파이팅'을 외쳤다.

용용 클럽은 빛나 누나가 자리 잡아 놓은 부스에 가져온 물건들을 모두 펼쳤다.

학용품부터 스티커, 메모지, 장난감까지 다양한 물건들이 가지런히 놓였다.

라미와 수지는 물건마다 가격표를 붙였다. 나눔 장터에서는 어린아이부터 할머니, 할아버지까지 다양한 사람들이 물건을 팔기도 하고 사기도 했다.

"지용, 한샘! 너희가 여기 좀 지키고 있어. 수지랑 난 한 바퀴 돌고 올게. 우리도 필요한 거 사려고."

"알았어. 나중에 교대해 주는 거다."

라미와 수지는 구석구석 구경하며 즐겁게 쇼핑했다. 조금 있다 돌아온 두 아이 손에는 여러 가지 물건이 들려 있었다.

"꺄! 언니, 제가 좋아하는 UTS 포토 카드를 단돈 100원에 샀어요!"

라미는 자리에서 방방 뛰며 소리쳤다.

"저도 마침 삼색 볼펜이 필요했는데 문구점보다 훨씬 싸게 500원에 샀어요. 그리고 제가 좋아하는 수첩도 500원에 사고요. 헤헤."

수지도 뿌듯한 표정이었다. 지용이와 한샘이도 이에 질세라 나눔 장터 쇼핑에 나섰다. 지용이는 나눔 장터에서 모자를 1,000원에 샀다. 한샘이는 야구 글러브와 공을 세트로 3,000원에 샀다. 의기양양하게 돌아온 두 친구를 보고 세 사람은 웃음이 터졌다.

"마치 나라를 구한 표정인데?"

수지는 지용이와 한샘이를 보며 놀려 댔다.

"나눔 장터 진짜 최고야. 이게 1,000원인 게 믿어져? 거의 새것인데 말이야."

"우리 물건은 많이 팔렸어?"

한샘이의 말에 수지와 라미는 손가락으로 브이를 들어 보였다.

"당연하지. 5개나 팔았지. 너희가 3개 판 것까지 합치면 오늘 수입이 7,500원이나 돼. 우리 장사에 소질이 있는 것 같아. 그렇지?"

라미는 들뜬 목소리로 말하며 수지와 하이 파이브를 했다.

"얘들아, 오늘 정말 고생 많았어. 기념으로 내가 아이스크림 쏠게. 정리하고 가자."

"야호!"

용용 클럽 아이들은 신나게 아이스크림 가게로 향했다. 각자 좋아하는 아이스크림을 골라 자리에 앉았다. 해맑은 아이들을 바라보며 빛나 누나가 말했다.

"오늘 이렇게 나눔 장터를 경험해 보니 어땠어?"

"제겐 필요 없는 물건을 다른 사람에게 팔고 돈을 버니까 뿌듯했어요."

"게다가 갖고 싶었던 물건을 엄청나게 싸게 사서 얼마나 좋았는데요."

아이들이 흥분하며 말했다. 빛나 누나는 반짝이는 눈으로 이야기를 이어 갔다.

"오늘 우리 용용 클럽은 스스로의 힘으로 돈을 벌어 본 거야. 비록 적은 돈이지만 소비만 하던 너희가 이렇게 스스로 소득을 만들었다는 건 아주 의미 있는 일이지. 박수를 보내고 싶어."

빛나 누나는 진심을 담아 아이들을 향해 손뼉을 쳤다.

"우리가 스스로 돈을 버는 방법에는 또 뭐가 있을까?"

빛나 누나의 질문에 수지가 손을 들고 말했다.

"언니, 저 사실 지난주에 제 힘으로 돈을 벌었어요."

"뭐? 어떻게 아르바이트했어?"

지용이가 커다래진 눈으로 물었다.

"초등학생이 아르바이트를 어떻게 해? 만보기 앱으로 매일 만 보씩 걷고 포인트를 받았지."

"어머나, 수지 멋지다! 운동도 하고 용돈도 벌고 일석이조였겠는걸."

"나도 해 보고 싶은데……. 만 보 걷는 거 힘들지 않아?"

모두 수지가 부러우면서도 선뜻 도전하긴 어려운 눈치였다. 그런 아이들에게 빛나 누나가 말했다.

"얘들아, 수지처럼 걷는 걸 좋아하지 않는다면 다른 챌린지에 도전하면 돼. 나는 매일 5분 책 읽기에 도전하고 있는데 매일 꾸준히 하니까 책 읽는 습관도 기를 수 있어 좋더라고. 너희도 충분히 할 수 있어. 너희들에게 맞는 챌린지를 찾아보렴. 평소에 기르고 싶었던 습관과 관련된 챌린지라면 더 도움이 될 거야."

"찾아보니까 앱의 종류도 다양하고 챌린지도 다양해요. 저는 따뜻한 물 마시기에 도전해 볼래요. 그래서 반드시 성공할 거예요!"

지용이도 진지하게 말했다.

"지용아, 네 눈이 이글거려. 워워."

한샘이가 지용이를 보며 말했다. 다들 두 주먹을 불끈 쥔 지용이를 보며 웃었다.

"누나, 저도 생각해 보니 엄마와 함께 쓰레기 분리배출하고 돈을 벌었어요."

"어머, 정말? 어떻게 한 건지 자세히 알려 줄래?"

"주민센터에 설치된 분리수거 기계에 투명 페트병과 캔이랑 종이 팩을 각각 넣으면 넣을 때마다 앱을 통해서 포인트가 쌓여요."

"뭐? 우리 동네에 그런 게 있었어?"

라미는 신기하다며 메모지에 받아 적었다.

"나도 우리 엄마가 알려 주셔서 알았어. 분리배출 도와주면, 받은 포인트는 내가 다 써도 된다고 해서 지난달부터 열심히 하고 있었지."

한샘이는 앱을 열어 모두에게 보여 줬다.

"포인트가 쌓이면 물건을 사거나 기부를 할 수 있어. 난 아직 천 포인트밖에 모으지 못했지만, 꾸준히 해 보려고."

빛나 누나가 한샘이를 칭찬했다.

"한샘이가 정말 좋은 일을 하는구나. 재활용품을 제대로 분류해서 지구도 살리고 적은 돈이지만 용돈도 벌고……. 거기서 파는 물건에는 업사이클링 제품이 있다고 들었어."

"누나, 업사이…… 그게 뭐예요?"

지용이가 머리를 긁으며 물었다. 수지가 똑 부러지는 말투로 말했다.

"업사이클링은 재활용품을 이용해서 새로운 물건을 만드는 거야. 신기하지?"

"수지가 정확히 알고 있네. 사실 나도 업사이클링 제품뿐만 아니라 지구와 환경을 살리는 제품에 대해 관심이 많아. 다음에 더 많이 소개해 줄게."

"나도 집에 가면 페트병이랑 캔이랑 종이 팩부터 챙겨야지. 크크."

라미는 한샘이가 말한 것을 잊어버릴까 봐 수첩에 꼼꼼히 적었다.

"와, 이러다 우리 엄청 부자 되는 거 아닐까요?"

꿈에 부푼 지용이의 말에 다들 웃었다.

"누나, 제가 저번에 가게 일을 조금 도와드렸을 때 정말 힘들었거든요. 그런데 다르게 생각해 보니 제가 도와드리면 부모님이 조금이라도 쉬실 수 있잖아요? 그래서 말인데요, 집안일을 도와드리고 그 대가로 용돈을 받는 건 어떨까요?"

"그것도 정당하게 돈을 버는 일이 될 수 있겠다. 그럼 어떤 걸 도와드리면 좋겠니?"

아이들은 집을 떠올리며 다양한 의견을 내었다. 신발장 정리나 쓰레기 버리기, 설거지, 빨래 개기, 화분 물 주기 등 여러 의견이 쌓여 갈 때 지용이가 한마디 했다.

"내 방 청소!"

"으이구, 그건 당연히 해야 하는 거지. 자기 방 청소하고 돈 받는 게 말이 돼?"

라미의 꾸지람에 지용이는 멋쩍은 미소만 지었다.

"이렇게 다 같이 의견을 말하니까 우리도 할 수 있는 게 정말 많다. 그렇지? 우리, 부모님을 도와드리고 작지만 용돈 벌기도 한번 해 보자. 각자 실천하면 단체 대화방에 남겨 줘. 두 번째 미션 하는 것도 잊지 말고! 우리 용용 클럽, 정말 멋지다!"

빛나 누나의 말에 모두들 기분이 좋아졌다. 각자의 마음에 심긴 작은 씨앗이 새싹이 되어 자라기 시작했다.

용용 클럽 비법 노트

내 힘으로 돈을 벌어요!

직접 돈을 벌어서 필요한 물건을 산다면, 돈의 소중함을 알게 되어 돈을 더 아껴 쓰게 되겠죠? 초등학생이 건강하고 안전하게 돈을 벌 수 있는 방법에는 어떤 것이 있을까요?

★ 홈 아르바이트하기

신발 정리, 화장실 청소, 현관 바닥 쓸기, 빨래 개기, 쓰레기 버리기 등 집안일을 하고 용돈을 받는 거예요. 가족회의를 통해 부모님과 어떤 일을 하고 얼마를 받을지 규칙을 정해 보세요. 부모님도 도와드리고 노동의 가치도 깨달을 수 있어 좋답니다.

★ 자원 재활용하기

· 빈 병 보증금 돌려받기: 빈 병을 모아서 슈퍼마켓이나 마트, 편의점 등에 가져가면 빈 병 보증금을 받을 수 있어요. 병의 크기에 따라 받을 수 있는 금액이 달라지지요.

· 분리배출로 포인트 쌓기: 시·구청에서 운영하는 재활용품 무인 회수기에 투명 페트병, 캔, 종이 팩 등을 넣으면 포인트가 쌓여요. 쌓인 포인트는 앱 등을 통해 현금처럼 쓸 수 있지요.

출처: 이노버스 홈페이지

★ 앱테크하기

운동, 광고 클릭, 챌린지 수행, 출석 체크 등 특정한 행동을 하면 현금처럼 쓸 수 있는 포인트를 주는 앱들이 많아요. 이렇게 앱을 이용해서 돈을 버는 것을 '앱테크'라고 하지요. 대표적인 것이 바로 '만보기 앱'이에요. 만 보 걷기 외에도 물 한 잔 마시기, 5분 책 읽기, 대중교통 이용하기, 비타민 섭취하기 등 다양한 챌린지에 도전할 수 있답니다.

돈이 돈을 끌어당겨

아침 햇살이 방 안을 비추자 지용이는 눈을 번쩍 떴다. 평소보다 일찍 일어나 깨끗하게 씻고 거울 앞에 섰다. 콧노래가 저절로 흘러나왔다.

"지용아, 벌써 일어났어? 우리 아들 오늘따라 분위기가 좀 달라 보이는데?"

아빠가 지용이를 보며 말씀하셨다.

"헤헤. 제가 좀 멋지죠, 아빠?"

오늘은 용용 클럽 세 번째 모임이 있는 날이다. 특별히 빛나 누나 집에서 모이기로 했다. 지용이는 빛나 누나 집에 간다고 하니 괜히 신경이 쓰였다. 모임 시간이 다가올수록 거울을 자꾸 들여다보게 됐다.

"지용아, 집에 있지? 어서 가자."

한샘이가 부르는 소리에 현관문을 열었다. 라미와 수지도 함께였다.

"풉! 지용아, 네 머리 왜 그래?"

라미가 헤어 젤로 한껏 멋을 부린 지용이 머리를 보고 웃기 시작했다.

"왜? 뭐가 어때서?"

"번개 맞은 거 같은데……. 아냐, 멋있어. 어서 가자. 언니 기다리겠다."

수지의 재촉에 다 같이 3층으로 올라갔다.

"어서 와, 얘들아!"

빛나 누나 집에 들어서자 마치 다른 세상에 온 것만 같았다. 거실은 책으로 가득 차 있고 군더더기 없이 깔끔했다. 빛나 누나의 침실과 서재를 보고 아이들은 입이 딱 벌어졌다. 특별한 가구가 없는데도 집이 아늑하고 예뻤다.

"언니, 이런 게 바로 '미니멀 라이프'죠?"

라미가 두 눈을 깜빡이며 물었다.

"응, 나는 소박한 게 좋아. 필요한 물건만 있으면 되거든."

"우리 집과는 진짜 분위기가 달라요."

지용이는 같은 건물에 사는 게 맞나 싶었다. 한동안 감탄을 하던 아이들이 긴 테이블 주위에 둘러앉았다.

"너희들 얼굴을 보니 이번 미션도 아주 잘 해낸 것 같은데?"

"네, 언니! 저는 엄마한테 얘기해서 바로 통장부터 만들었어요. 그동안 엄마가 모아 주신 제 용돈도 모두 은행에 저금했고요. 히히."

라미가 신나서 말하자 아이들 모두 자신의 통장과 그동안 기록한 용돈 기록장을 보여 줬다. 빛나 누나는 아이들이 꾸준히 해 나가는 모습에 감격했다.

"너희들은 하나를 알려 주면 열을 아는 수제자들이야. 정말 뿌듯해."

빛나 누나의 말에 아이들 얼굴에도 미소가 번졌다.

"귀한 수제자들을 위해 준비한 게 있지. 짜짠!"

빛나 누나는 아이들 앞에 신문을 하나씩 내려놓았다. 어린이용 경제 신문이었다.

"헉! 누나, 이거 선물 맞아요? 공부하라는 뜻 같은데······."

지용이의 말에 빛나 누나가 다른 아이들의 표정을 살폈다. 모두 당황한 눈치였다.

"너희들 '지피지기면 백전불태'라는 말 아니?"

"상대를 알고 나를 알면 백 번 싸워도 위태롭지 않다는 뜻이에요."

질문을 듣자마자 대답하는 한샘이를 보며 다들 깜짝 놀랐다.

"오, 역시 한자 능력 시험 5급 합격자는 달라."

지용이의 말에 모두 웃음이 터졌다.

"한샘이가 말한 걸 돈에 적용해 보면 우리가 돈에 대해서 알면 돈 때문에 위태로워질 일이 없다는 거야."

빛나 누나의 말에 아이들은 아리송한 표정을 지었다.

"경제가 어떻게 흘러가고 있는지, 돈의 역할은 무엇인지 정확하게 알고 있으면 내가 돈의 노예가 아닌 돈의 주인이 될 수 있어. 그렇게 되면 돈도 적절히 쓰게 되고…….”

"누나, 사실 저 돈의 노예가 될 뻔했어요. 갑자기 생긴 특별 용돈에 눈이 멀어서 PC방에 갔었거든요. 그렇지만, 그때 친구들 덕분에 정신이 번쩍 들었어요. 지나고 생각해도 참 부끄러워요.”

지용이의 솔직한 고백에 빛나 누나는 온화하게 미소 지었다.

“지용이 정말 멋지다. 네 힘으로 큰 고비를 넘겼구나. 훌륭해!”

어느새 지용이의 얼굴이 발갛게 물들었다.

“나는 경제 신문과 경제 관련 책을 읽으면서 하나씩 따라 해 봤어. 그 작은 실천들이 모여서 지금의 내가 된 거야. 너희에게 준 어린이용 경제 신문을 보면 경제가 어떻게 이뤄져 있고, 세상은 어떻게 흘러가는지 알 수 있어.”

“제가 신문을 본다니 놀라워요.”

라미는 양팔로 스스로를 토닥여 줬다. 한샘이와 수지도 어린이용 경제 신문 곳곳을 살펴보았다.

“처음에는 가장 관심이 가는 기사만 보고 넘어가도 좋아.

점점 습관이 되면 신문에 담긴 내용들이 자연스럽게 이해가 될 거야. 그렇게 시작하는 거지, 뭐."

빛나 누나의 격려에 아이들은 어느새 신문에 푹 빠져서 한참을 읽었다. 고요함 속에 신문 넘기는 소리만이 울려 퍼졌다.

"애들아, 오늘 오후에 내가 운영하는 경제 관련 모임이 열려. 일명 '머니 스터디'라고 부르는데, 그 모임에 구경 가 볼래? 부모님께 허락은 내가 받아 줄게."

빛나 누나의 제안에 아이들의 눈이 커졌다.

"와! 저희가 정말 따라가도 돼요?"

수지의 말에 빛나 누나는 고개를 끄덕였다.

"물론이지. 스터디 친구들에게도 말해 뒀어. 거기엔 주로 20대들이 모이는데 어떻게 하면 돈을 잘 관리하고 수입을 늘릴 수 있는지 같이 공부하는 동아리야."

"뭔지는 잘 몰라도 재밌을 것 같아요."

한샘이는 새로운 경험을 할 거라는 생각에 들떴다.

빛나 누나를 따라간 곳은 집 근처에 있는 스터디 카페였다. 소모임 방으로 들어가니 빛나 누나의 '머니 스터디' 회원

들이 모여 있었다.

"안녕하세요? 오늘은 저의 멘티인 용용 클럽 멤버들과 같이 왔어요. 반갑게 맞이해 주세요."

"말로만 듣던 빛나 리더님의 수제자들이군요. 반가워요."

언니, 오빠들의 환영 박수에 아이들은 쑥스러워했다. 스터디가 시작되자 아이들은 뒤편 의자에 앉아서 구경했다.

"오늘은 '자신만의 파이프라인 만들기'에 대한 이야기를 나눠 볼게요. 파이프라인은 원래 석유나 천연가스를 전달하는 관을 말하는데, 요즘은 소득이 들어오는 통로라는 뜻으로도 많이 쓰이지요? 각자가 준비한 내용을 발표해 보겠습니다."

빛나 누나의 노련한 진행으로 한 사람씩 돌아가며 발표했다. 용용 클럽 아이들에게는 낯선 단어들이 오고 갔다.

'파이프라인? 주식? 투자? 펀드? 으악! 이게 다 무슨 말이지?'

지용이 머릿속에서 처음 듣는 단어가 빙글빙글 떠다녔다.

"제가 만든 제 파이프라인은 전자책 쓰기와 강의입니다.

제 전문인 컴퓨터 프로그램 쪽을 활용해 보려고 해요."

'책도 쓰고 강의도 한다니 참 멋진 분이야.'

수지는 한 오빠가 발표하는 것을 듣고 작은 노트에 받아 적었다. 어느새 마지막 사람까지 발표를 마치자 빛나 누나가 말했다.

"오늘 각자의 이야기를 듣고 자신의 재능을 활용하는 것이 얼마나 중요한지 배웠어요. 그리고 돈이 돈을 벌어오는 시스템을 만들어야 하는 것도요! 많은 것을 깨닫는 시간이었습니다. 감사합니다. 다음 모임 때 또 뵙겠습니다."

힘찬 박수와 함께 모임이 끝났다. 아이들도 덩달아 크게 손뼉을 쳤다. 다 함께 집으로 돌아오는 길에 한샘이가 물었다.

"누나, 투자는 아이들도 할 수 있어요?"

"물론이지. 다음에 만날 때 투자에 관해서 알려 줄게."

수지도 작은 노트를 펼쳐서 별표 친 부분을 읽었다.

"언니, '돈이 돈을 끌어당긴다. 돈이 일하게 하라.'는 말이 인상 깊었어요. 그게 무슨 뜻인지 궁금해요."

"와, 너희들 정말 진지하게 들었구나! 돈이 일하게 한다는 말은 내가 쉬거나 잠을 자는 동안에도 내 통장에 돈이 들어오게 한다는 뜻이야. 돈이 나에게 오는 길을 여러 개 만들어 놓으면 가능해."

빛나 누나의 말에 아이들은 입을 다물지 못했다.

"와, 돈이 나 대신 돈을 버는 방법도 있다니! 신기해요."

수지는 노트에 별표를 5개나 더 그렸다.

"머니 스터디 분들 뭔가 특별해 보였어요. 자신의 삶을 사랑하고 발전하기 위해 노력하는 것 같았어요. 멋짐 폭발!"

라미의 말에 다들 공감했다.

"너희에게 좋은 경험이 된 것 같아서 나도 기뻐. 용용 클럽도 잘 성장해 가고 있어서 감사해. 다음 만남까지 해야 할 미션은 어린이용 경제 신문과 친해지기와 경제 동화책 1권 읽기야. 잘할 수 있겠지?"

"네, 할 수 있습니다!"

활기차게 말하는 아이들을 보자 빛나 누나는 뭉클한 마음이 올라왔다.

'기특한 우리 용용 클럽! 항상 응원해.'

응용 클럽 비법 노트

경제를 공부해요!

돈이 돈을 끌어당기게 하려면 경제를 잘 알아야 해요. 경제에 밝아야 돈의 흐름을 꿰뚫어 볼 수 있고, 또 그래야 올바르고 건강하게 돈을 불려 나갈 수 있으니까요. 신문이나 책을 통해 경제 공부를 해 보아요.

★ 경제 신문 읽기

「어린이 경제 신문」, 「주니어 생글생글」 등 어린이 눈높이에 맞춰 경제 관련 소식들을 전해 주는 신문들이 있어요. 이런 경제 신문들을 읽으면 경제 지식을 쌓을 수 있을 뿐 아니라, 생활 속에 녹아 있는 경제 원리도 쉽게 이해할 수 있지요.

제공: 어린이 경제 신문 편집국

제공: 경제교육연구소

★ 경제 도서 읽기

경제는 우리가 살아가는 데 있어 국영수만큼이나 중요해요. 따라서 경제 개념을 익힐 수 있는 다양한 책들을 찾아 읽음으로써 스스로 경제 개념을 쌓아 나가야 한답니다. 동화 형식 등을 빌려 어린이가 알아야 할 경제 개념들을 재미있게 풀이해 놓은 책들도 많이 나오고 있어요!

투자하는 용용 클럽

용용 클럽 아이들이 신이 나서 놀이터에 모였다. 10월이라 날씨까지 선선했다. 한샘이의 제안으로 도서관에서 함께 경제 동화를 빌리기로 했다.

"지용아, 그거 은행잎 아니야?"

지용이 두 손에 가득 담긴 노란 은행잎을 보며 수지가 물었다.

"그건 왜 들고 왔어?"

"문득 그런 생각이 들더라고. 아, 이 많은 은행잎을 이용해 돈을 벌 수 있다면 얼마나 좋을까?"

"푸하하. 요즘 용돈 관리 열심히 하더니 쟤 이상해진 것 같아."

라미가 놀리자 지용이는 은행잎을 라미에게 뿌리고 도망갔다.

"너, 거기 서!"

왁자지껄 떠들며 달려가다 보니 어느새 도서관에 도착했다. 어린이 자료실에 들어가 자료 검색대에 앉았다. 미리 적어 온 책 제목을 입력했다. 아이들은 각자 흩어져서 책을 찾았다.

"난 빛나 언니가 추천해 준 책부터 읽어 볼래."

라미가 책을 품에 안으며 말했다.

"나는 경제 학습 만화를 보겠어. 크크."

지용이도 책을 집어 들었다. 한샘이와 수지도 마음에 드는 책을 골랐다.

"우리 진짜 많이 변했다. 그렇지?"

"맞아. 신문도 읽고 책도 보고……. 내 인생이 이렇게 바뀌다니, 캬!"

능청스러운 지용이 말에 친구들 모두 큰 소리로 웃었다.

따르릉, 따르릉!

며칠 후, 알람 소리에 놀라 잠이 깬 지용이는 지난밤 꿈을 떠올리며 히죽 웃었다. 꿈에서 지용이는 부자가 되어 부모님께 멋진 집을 사 드리고, 용용 클럽 친구들을 불러 맛있는 음식을 대접하고 있었다. 그런데 식탁 옆자리에 앉은 빛나 누나가 지용이를 보며 환하게 웃는 장면에서 잠이 깨 버렸다.

'아, 아쉽다! 부자가 된 나를 보며 누나가 뭐라고 말을 했을까?'

지용이는 즐거운 상상을 하며 나갈 준비를 했다. 오늘은 지용이 부모님 가게에서 모임을 하게 되었다. 엄마, 아빠가 부쩍 달라진 지용이를 보며 고마운 마음에 맛있는 음식을 대접하고 싶어 했기 때문이다. 빛나 누나와 용용 클럽 아이들이 모두 가게에 모였다.

"빛나야, 네 덕분에 우리 지용이가 달라졌어! 정말 고마워."

엄마가 맛있는 음식을 한가득 내오며 말씀하셨다.

"고맙습니다. 지용이가 열심히 노력하고 성장하는 게 보여서 참 기특해요."

빛나 누나의 말에 지용이는 어깨가 으쓱했다.

"저희 용용 클럽을 초대해 주셔서 감사합니다. 맛있게 잘 먹겠습니다."

씩씩하게 인사하는 라미를 따라 모두 감사 인사를 했다. 지용이 부모님은 대견한 듯 아이들을 바라보셨다. 맛있게 식사를 마치자 빛나 누나가 말했다.

"단체 대화방에 각자 읽은 책 올려 줘서 고마워. 같이 도서관에 갈 생각도 하고 기특하다. 용용 클럽, 이러다 큰일 내겠는걸?"

"헤헤. 언니, 저희가 생각해도 좀 멋진 것 같아요."

라미는 손으로 꽃받침을 만들며 윙크했다.

"맞아. 정말 멋지다, 용용 클럽!"

빛나 누나의 칭찬에 아이들은 함박웃음을 지었다.

"오늘은 돈이 돈을 벌게 하는 방법의 하나인, 주식 투자에 대해 알려 주려고 해."

아이들의 눈이 더욱 반짝거렸다.

"혹시 주식 투자가 무엇인지 말해 볼 사람 있니?"

그러자 한샘이가 손을 들었다. 까만 글씨가 가득한 노트를 보면서 말했다.

"주식 투자는 가치가 있는 주식회사에 돈을 투자해서 회사의 주인인 주주가 되는 거예요."

"와우! 한샘이 공부했어!"

똑 부러지게 말하는 한샘이를 보고 친구들이 감탄했다.

"제가 투자한 회사가 돈을 많이 벌면 회사도 좋고 주주도 좋은 원리죠. 게다가 은행 이자보다 받을 수 있는 돈이 많다는 게 장점 같아요."

한샘이가 연이어 말하자 빛나 누나가 엄지를 들어 보였다.

"그런데 회사가 어려워지거나 졸지에 망하기라도 하면 위험한 거 아닌가요?"

수지가 심각한 얼굴로 물었다.

"정말 그럴 수도 있어. 그래서 투자할 회사를 고를 때에는 꼼꼼하게 분석해서 조심스럽고도 신중하게 선택해야만 해.

혹시 원금을 잃더라도 문제가 되지 않을 정도로 적당하게 투자하는 것도 중요하지."

빛나 누나의 말을 듣자 지용이가 짧은 한숨을 쉬었다.

"그러면 그냥 저금만 하는 게 낫지 않을까요? 위험한 거보단 안전하게 돈을 지키는 게 더 좋을 것 같아요."

지용이의 말에 아이들이 고개를 끄덕였다.

"그렇게 생각할 수도 있어. 하지만 우리가 저축만 한다면 돈을 많이 필요로 하는 회사들이 더는 생겨날 수 없고 그렇게 되면 덩달아 경제가 어려워지겠지? 좋은 회사가 많아야 많은 사람들이 편리함을 누리고 나라 경제도 발전하는 거니까."

빛나 누나는 스마트 패드를 꺼내서 미니주식 앱을 열었다. 아이들의 눈이 화면에 쏠렸다. 빛나 누나가 보유한 주식 목록을 펼쳤다.

"어? 이 모양 어디서 많이 봤는데?"

라미가 아는 회사 로고라며 반가워했다. 한샘이도 좋아하는 자동차 회사 이름이 있어서 반가웠다.

"여기 보면 회사 이름과 평가 금액, 수익률이 나와 있어."

빛나 누나가 하나씩 가리키며 설명했다. 그러자 수지가 물었다.

"언니, 빨간색 숫자와 파란색 숫자는 무슨 의미예요?"

"그게 바로 수익률이야. 내가 처음에 투자한 금액보다 올랐으면 빨간색으로, 떨어졌으면 파란색으로 표시해."

"헉! 누나가 투자한 회사는 하나 빼고 다 빨간색이네요. 대박!"

지용이의 말에 아이들도 모두 놀라는 표정이었다.

"나는 주식에 투자하면 오래 갖고 있어. 단, 발전 가능성이 높은 건강한 회사를 꼼꼼하게 분석해서 투자해."

"아하! 그래서 오랫동안 발전할 수 있는 좋은 회사에 투자하는 게 중요하겠군요."

한샘이의 말에 빛나 누나는 미소를 지었다.

"언니, 초등학생이 주식 투자하려면 어떻게 해야 해요?"

수지가 펜을 들고 노트에 적을 준비를 하며 물었다.

"증권회사에 부모님과 함께 필요한 서류를 가져가면 주식 투자를 할 수 있는 계좌를 만들 수 있단다. 처음부터 큰 단위의 투자를 하는 건 부담이 될 수 있으니 오늘 보여 준 미니주식부터 해 보길 추천해."

빛나 누나는 스마트 패드의 화면을 넘기며 설명해 주었다.

"미니주식은 주식 하나를 작은 단위로 나누어 놓아서 적은 돈으로도 살 수 있어. 소수점 거래라고 불러. 아무래도 가격이 비싼 종목은 사고 싶어도 부담이 크잖아? 이건 1,000원으로도 주식을 살 수 있어."

아이들의 눈이 동그랗게 커졌다. 빛나 누나는 아이들이 이해하기 쉽게 주식에 관해 정리한 종이를 나눠 주었다.

"이렇게 적은 돈으로도 할 수 있는 주식 투자를 경험해 보면 투자에 대한 안목이 길러질 거야."

빛나 누나의 이야기를 듣고 정리한 글을 읽으니 처음 접한 주식 투자지만 조금씩 이해가 되었다.

"언니, 저 그동안 용돈을 잘 관리해서 생긴 돈을 따로 모아 뒀거든요. 그걸로 주식 투자 해 보고 싶어요."

라미의 적극적인 모습에 아이들도 동의하는 눈빛이었다.

"좋아. 그런 돈을 종잣돈 또는 씨드(Seed)머니라고 부르지. 모든 투자에는 씨드머니가 필요해."

빛나 누나가 눈을 찡긋하며 말했다. 지용이도 투자를 통해서 돈이 돈을 버는 경험을 할 수 있다고 생각하니 마음이 설렜다.

"다음 모임까지 미션은 부모님과 주식 투자에 관한 이야기 나누기! 가능하다면 증권 계좌를 개설하고 좋은 주식을 골라 봐. 자신만의 씨드머니로 미니주식을 사 보는 거야. 단체 대화방에 함께 공유하면 서로에게 도움이 되고 좋을 것 같아."

"네. 저희도 투자하는 용용 클럽으로 레벨 업 해야죠!"

씩씩한 아이들의 대답에 빛나 누나도 힘차게 응원해 주었다.

용용 클럽 비법 노트

용돈으로 투자에 도전해요!

투자란 이익을 얻기 위해 어떤 일에 돈을 대는 것을 말해요. 하지만 실패했을 때 손해를 볼 수도 있지요. 따라서 반드시 적은 돈으로, 부모님과 함께 의논하며 시작해 보아요. 공부하는 마음으로 말이에요.

★ **주식에 투자하기**

주식 투자란 어떤 회사에 투자해 이익과 손해를 함께하는 행위를 말해요. 주식은 그 약속을 나타내는 문서이지요. 주식을 사면 회사가 벌어들인 이익을 나눠 받을 수 있어요. 하지만 회사가 위기에 처하면 주식값이 떨어져 손해를 볼 수도 있지요. 따라서 경제 상황과 회사 상태 등을 잘 살펴봐야 한답니다.

★ **채권에 투자하기**

채권은 국가, 지방단체, 은행, 기업 등이 필요한 돈을 빌리고 일정한 기간이 지나면 이자를 붙여 빌린 돈을 갚겠다고 약속하는 문서예요. 때문에 이자와 돌려받는 기간이 정해져 있어 주식보다는 안전하게 투자할 수 있어요.

★ **펀드에 투자하기**

사람들이 전문가에게 돈을 맡기면 전문가가 그 돈을 여러 곳에 투자하는 것이에요. 투자에 성공하면 이익을 얻지만 실패하면 손해를 보게 되지요. 따라서 위험도와 수익률 등을 꼼꼼히 따져 본 다음, 투자하는 것이 좋아요.

★ **달러에 투자하기**

달러는 원래는 미국의 화폐단위이지만, 국제시장에서 금융 거래의 중심이 되는 기본 화폐예요. 달러의 가치가 낮을 때 사서 높을 때 파는 방식으로 이익을 내지요. 변화의 폭이 크지 않고 거래에 드는 돈도 적어 비교적 적은 돈으로 시작할 수 있어요. 하지만 사야 할 때와 팔아야 할 때를 잘 판단할 수 있어야 하지요.

모두가 행복해지는 착한 소비

'띠리링! 내일 용용 클럽 모임 장소는 호수 공원. 착한 소비 캠페인에 참여할 예정.'

용용 클럽 단체 대화방에 빛나 누나의 공지가 올라왔다. 지용이는 소풍 가기 전날처럼 설레어 잠을 설쳤다. 놀이터에서 만난 용용 클럽 친구들도 모두 들떠 있었다. 넷은 신나는 발걸음으로 공원으로 향했다.

호수 공원은 울긋불긋한 단풍으로 아름다운 풍경을 자랑했다. 공원 한가운데에 걸린 '현명하고 착한 소비, 함께해요'라는 현수막 뒤로 여러 개의 부스가 설치되어 있었다.

용용 클럽 아이들은 '착한 소비 캠페인' 부스를 찾아갔다. 귤 모자를 쓴 빛나 누나는 어깨띠를 두르고 열심히 구호를 외치고 있었다.

"모두를 위한 착한 소비 함께해요!"

아이들은 어느새 빛나 누나 옆에 다가가 함께 구호를 외쳤다. 빛나 누나는 아이들을 반겨 주었다.

"얘들아, 어서 와."

"언니 귤 모자 정말 잘 어울려요. 오늘 무슨 행사예요?"

라미는 다양한 부스를 바라보며 흥분된 목소리로 물었다.

"다른 사람도 돕고 지구도 살리는, 현명한 소비 방법을 알리는 캠페인이야. 내가 맡은 건 착한 소비 캠페인 부스야."

"착한 소비가 뭐예요? 친절하게 사라는 뜻인가요? 허허."

지용이가 머리를 긁적이며 말하자 수지가 웃으며 말했다.

"착한 소비는 환경과 사회에 미치는 영향까지 생각해서 상품을 사는 걸 말해."

"수지 천재다. 그런 건 어떻게 알았어? 책을 많이 읽더니 역시 다르네."

"나도 엄마한테 배웠어. 똑같은 바나나인데도 엄마는 '공정 무역'이라고 적혀 있는 걸 사시더라고. 일반 바나나보다 더 비싼데도 말이야."

빛나 누나가 수지의 말에 덧붙여 설명했다.

"수지가 좋은 경험을 했구나. 공정 무역은 작물이나 제품을 생산하는 개발 도상국 농가나 공장에 정당한 가격을 치러 생산자가 자립할 수 있도록 돕는 사회 운동이야."

한샘이도 이어 말했다.

"저도 방송에서 봤어요. 초콜릿을 만들기 위해 아프리카의 열 살 정도 되는 아이들이 높은 나무 위에 올라가서 열매를 따더라고요. 그렇게 힘들게 일해서 만든 초콜릿을 저희가 1,000원을 내고 사면 그 아이들에게는 고작 20원이 돌아간대요. 정당한 대가를 받지 못하는 거죠."

갑자기 지용이가 무릎을 치며 말했다.

"그러니까 착한 소비는 생산자에게 정당한 대가를 치른 상품을 사는 거군요."

"맞아. 그리고 생산 과정에서 환경 오염이나 동물 실험 등을 하지 않은 상품을 사는 것이기도 하지. 우리 부스에서는 착한 소비가 무엇인지 알리고, 관련 제품들을 소개하고 있어. 들어가서 구경해 볼래?"

부스 안에는 견과류, 초콜릿, 커피, 가방, 인형 등이 놓여 있었다. 여러 기업과 단체의 이름도 적혀 있었다. 벽에는 착한 소비와 공정 무역에 관한 안내문도 붙어 있었다.

"이렇게 착한 소비는 내게 필요한 물건을 사는 일이, 바로 환경 보호와 나눔을 실천하는 일이 되는 거야. 더 많은 사람에게 착한 소비의 중요성을 알리기 위해서 이런 캠페인을 하고 있단다. 돈을 모으고 버는 것만큼 잘 쓰는 것도 중요하거든."

"누나는 정말 대단해요."

"맞아, 맞아! 진짜 멋져."

아이들 눈엔 빛나 누나가 유난히 더 빛나 보였다.

"다른 부스도 구경하고 와. 업사이클링 제품과 쓰레기 줄이기 캠페인, 아나바다 캠페인 등 볼거리가 많아. 오늘 너희들은 마음껏 체험하고 느낀 걸 마음에 담아 가면 돼."

빛나 누나의 말대로 아이들은 하나씩 체험하며 마음이 뿌듯해졌다. 행사가 끝나자 용용 클럽 아이들은 빛나 누나를 도와 부스를 정리하고 주변 쓰레기도 주웠다. 모든 것에 솔선수범하는 빛나 누나를 보자 아이들은 존경의 마음이 더 커졌다.

"얘들아, 오늘 정말 고생했어. 배고프지? 맛있는 거 사 줄게. 가자."

"와, 누나 최고!"

빛나 누나를 따라간 곳은 비건 식당이었다.

"비건 식당은 처음이지?"

"네. 고기 없이는 못 사는 저에게 비건 식당은 넘지 못할 산 같다고나 할까요?"

라미는 울상을 지으며 말했다.

"저도 고기 없이는 못 사는 일인입니다."

지용이도 메뉴판을 보며 힘없이 말했다.

"저도 비건 음식은 처음인데 맛이 궁금해요."

수지와 한샘이는 호기심에 눈을 반짝였다.

"걱정하지 마. 맛을 보면 아마 깜짝 놀랄걸. 내가 골고루 시켜 볼게."

잠시 뒤, 피자, 파스타, 햄버거가 나왔다. 음식을 한 입 맛본 아이들은 놀라는 표정이었다.

"우아! 평소 먹었던 것과 크게 다르지 않아. 맛있는데?"

"진짜! 담백하고 고소한데, 맛있다."

아이들 반응에 빛나 누나도 밝게 웃었다.

"고기 먹는 걸 줄이기만 해도 탄소 배출이 줄어들어서 지구가 행복해진다는 거 알고 있니?"

빛나 누나의 말에 햄버거를 크게 베어 먹던 지용이가 깜짝 놀라며 물었다.

"네? 고기랑 탄소 배출이랑 관련이 있다고요?"

"그럼, 물론이지. 축산업과 유제품 산업에서 배출하는 탄소량이 세계 탄소 배출의 32%나 된다고 해. 돼지고기, 소고기, 유제품 등을 생산하면서 발생하는 메탄가스는 공기뿐만 아니라 토양과 물도 오염시키고 있다니 정말 심각한 문제지. 지구를 생각하면 비건 음식을 먹는 것도 필요하단다."

"그동안 제 배 속에 들어간 고기가 떠오르네요. 지구한테 미안해서 어쩌죠?"

지용이가 배를 어루만지며 말했다.

"당장 모든 것을 바꿀 순 없지만 조금씩이라도 습관을 바꾸면 어떨까?"

"저도 아까 부스에서 봤는데 비건 화장품, 비건 옷 등 생각보다 다양한 제품들이 있더라고요. 앞으로는 지구에게 도움이 되는 제품을 사용하고 싶어요."

수지도 결의에 찬 표정이었다.

"저도 업사이클링 제품이 그렇게 다양한지 몰랐어요. 재활용해서 다시 쓰는 물건에 대해 새롭게 알게 됐어요."

한샘이도 부스 체험이 기억에 오래 남는 듯했다.

"이야, 너희들 정말 훌륭하다! 오늘 내가 전하고 싶었던 것들인데……. 마음이 통한 것 같아서 행복한걸."

빛나 누나의 말에 라미가 검지를 높이 들며 말했다.

"돈을 쓸 때 현명하고 지혜로운 착한 소비를 하라!"

그러자 지용이도 연이어 외쳤다.

"지구를 살리는 소비를 하자!"

한샘이와 수지도 한목소리로 외쳤다.

"가치 있는 소비를 하자!"

"와하하하."

빛나 누나와 아이들은 서로를 마주 보며 큰 소리로 웃었다.

"지난 한 달간 집안일을 도와드리고 용돈 받은 인증도 잘 봤어. 특히 지용이는 하루도 거르지 않고 가게 앞마당 쓸기를 했더구나. 대단해."

빛나 누나가 지용이를 보며 칭찬하자 지용이는 우쭐대며 말했다.

"평소보다 일찍 일어나서 마당을 쓰니까 기분도 좋고 뿌듯했어요. 처음엔 용돈을 더 받는 게 좋았는데 시간이 흐를수록 어떻게 하면 부모님께 더 도움이 될 수 있을까 하고 생각하게 되더라고요."

"앗! 지용이가 드디어 철들었네!"

라미가 큰 소리로 외치는 바람에 지용이의 귀가 빨개졌다.

"지용이뿐만 아니라 라미, 수지, 한샘이도 집안일을 돕고,

분리배출이나 투자 등으로 돈을 모으려 노력하고, 정말 멋졌어!"

빛나 누나의 따뜻한 칭찬에 아이들도 활짝 웃었다. 꾸준히 성장해 가는 아이들을 보며 보람을 느낀 빛나 누나는 용용 클럽 아이들에게 새로운 미션을 내주었다.

"얘들아, 그럼 오늘 경험한 착한 소비를 다음 만날 때까지 실천해 보기로 하자. 부모님이 장을 보실 때도 공정 무역 제품이나 지구에 도움이 되는 제품을 사실 수 있도록 말씀드리기. 어때?"

"좋아요. 생활 속에서 꼭 지킬게요."

아이들은 오늘의 배움을 마음에 잘 간직하고 실천하기로 다짐했다. 오늘따라 노을에 비친 아이들의 그림자가 훌쩍 자란 듯 보였다.

나도 선한 부자가 될 거야

지용이와 아이들은 빛나 누나가 보내 준 지도를 보며 길을 걸었다.

"이쪽 맞아? 바로 옆 동네인데도 처음 오니까 헷갈린다."

약속 장소를 찾느라 아이들은 허둥지둥했다.

"그런데 오늘은 왜 빵집에서 모이는 걸까?"

라미의 말에 다른 아이들도 궁금한 표정이었다.

"빛나 누나가 거기로 부른 특별한 이유가 있을 거야."

한샘이는 한껏 기대하는 표정이었다.

"맞아. 그동안 언니 덕분에 다양한 걸 경험하고 배웠잖아.

오늘은 어떤 걸 체험할지 정말 기대돼."

수지도 평소와 다르게 상기된 표정이었다. 형형색색의 작은 주택들이 모여 있어서 동네가 따듯하고 예뻤다. 그때 한샘이가 소리쳤다.

"어, 저기 편의점 있다! 편의점에서 오른쪽으로 쭉 가면 '정든 빵집'이 있댔어."

지도와 편의점을 번갈아 본 아이들은 안도의 한숨을 쉬었다.

딸랑딸랑!

빵집 문을 열고 들어가니 빛나 누나는 어떤 할아버지와 마주 앉아 이야기를 나누고 있었다.

"안녕하세요?"

아이들이 밝게 인사하자 빛나 누나와 할아버지가 돌아봤다.

"어서 오렴. 너희들이 용용 클럽 아이들이구나!"

할아버지는 인자한 표정으로 반갑게 맞아 주셨다. 빛나 누나도 자리에서 일어나 소개해 줬다.

"얘들아, 어서 와. 여긴 내가 어릴 적부터 다닌 단골 가게야. 여기 계신 분은 정든 빵집 사장님이셔. 할아버지께 너희를 꼭 소개해 드리고 싶다고 말씀드렸더니 흔쾌히 초대해 주셨어."

아이들은 조금 어색했지만, 할아버지께 정중하게 인사드렸다.

"허허, 귀한 손님들이 오셨으니 맛있는 빵 좀 내와야겠군. 여기 편하게 앉아들 있어."

할아버지는 제빵실로 들어가셨다. 아이들은 빛나 누나 주변에 옹기종기 모여 앉았다.

"누나, 오늘은 왜 여기서 모인 거예요?"

지용이가 나지막한 목소리로 물었다.

"이곳은 아주 특별한 곳이거든. 우리 용용 클럽이 가져야 할 귀한 마음을 선물해 줄 보물섬 같다고나 할까?"

알 듯 말 듯 한 빛나 누나의 말에 아이들은 궁금해서 엉덩이를 들썩거렸다.

"언니, 그게 뭔데요? 궁금해요."

라미의 재촉에 빛나 누나는 웃으며 말을 이었다.

"할아버지께서는 빵도 정말 맛있게 만드시지만, 좋은 일도 참 많이 하셨어. 나도 그동안 몰랐다가 할아버지가 뉴스에 나오셔서 알게 됐지, 뭐야."

"진짜요? 어떤 일을 하셨는데요?"

지용이가 궁금함을 못 참고 물었다. 그러자 옆에 있던 수지가 커다란 눈이 되어 소리쳤다.

"설마, 어제 경제 신문에서 봤던 5억을 기부한 빵집 할아버지? 맞아요?"

"맞아. 바로 그분이야. 할아버지께서 그동안 빵집을 운영하면서 모은 돈 5억을 어려운 사람들을 위해 기부하셨어. 방송과 신문에도 보도가 되었지."

"대박! 그렇게 큰돈을 기부하시다니 정말 대단해요."

한샘이도 입이 쩍 벌어졌다. 그때 할아버지께서 빵을 한 가득 가지고 오셨다.

"애들아, 많이 먹으렴."

"감사합니다."

할아버지를 바라보는 아이들의 눈망울이 반짝거렸다.

"할아버지, 곧 촬영 팀이 올 시간이죠?"

"어디 보자. 11시까지 온다고 했으니 이제 곧 오겠구나. 나 혼자 어색했는데 용용 클럽이 함께 있어 주니 힘이 나는 걸. 고마워!"

할아버지는 아이들을 부드럽게 바라보셨다. 잠시 후 문이 열리고 방송국 촬영 팀이 우르르 들어왔다.

"어르신 안녕하세요? 저희는 전화로 말씀드린 SBT 방송국 '세상에 이런 사람이' 팀입니다. 촬영 허락해 주셔서 감사합니다."

PD는 인사를 마치고 함께 온 촬영 팀과 방송을 준비했다. 진행자는 할아버지께 진행 순서를 친절하게 안내했다. 순식간에 여러 대의 카메라와 조명 기구가 빵집 안에 설치되었다. 분주하게 촬영을 준비하는 모습이 아이들 눈에는 신기하게만 보였다. 빛나 누나와 아이들은 한쪽에 모여 앉아 촬영하는 걸 참관하기로 했다.

조금 후, PD의 큐 사인이 떨어지자 조용한 가운데 촬영이 시작되었다.

"안녕하세요? 오늘 만나 볼 분은 40년간 빵집을 운영하면서 모은 5억 원을 어려운 사람들을 위해 기부하신 정동길 사장님이십니다."

할아버지는 카메라를 보며 어색하게 웃으셨지만, 얼굴에서 빛이 나는 것 같았다.

"사장님, 실례지만 연세가 어떻게 되시나요?"

"제가 올해 팔십이 되었습니다."

"그럼 마흔에 빵집을 시작하셔서 지금까지 이어 오신 거네요. 그사이에 모으신 돈이 꽤 많은데 어떻게 다 기부할 생각을 하셨나요?"

"허허. 사실 저는 정말 가난했습니다. 어릴 때 매일 쌀밥을 먹는다는 건 상상도 못 했습니다. 먹을 것이 없어서 하루 한 끼 고구마라도 먹으면 감사했던 시절이었죠.

가난의 고통이 얼마나 큰지 알고 있기에 제게 돈이 생기면 가난한 사람들과 나누며 살고 싶었습니다."

"그런 마음을 가지기는 쉽지만 실천하기는 참 어려운데요. 사장님의 결단이 정말 존경스럽습니다. 40년 전 이곳에서 빵을 처음 만드신 건가요?"

"아닙니다. 제가 빵집에서 일하기 시작한 건 열일곱 살 때인데요, 처음에는 잔심부름만 하면서 빵 만드는 것을 구경해야 했죠. 세월이 흐르면서 조금씩 기술을 익히고 겨우 돈을 모아 시장에서 작은 빵집을 시작했습니다."

할아버지의 이야기를 듣는 용용 클럽 아이들의 표정은 어느 때보다 진지했다.

"그렇게 어린 나이부터 일하셔서 한 길만을 걸어오셨군요. 많은 일이 그렇겠지만 빵을 팔아서 5억을 모은다는 게 쉬운 일은 아닌데 어떻게 그런 큰돈을 모을 수 있으셨나요?"

"제 힘으로 돈을 벌고 가난에서 겨우 벗어났을 때 다짐했습니다. 돈을 벌었다고 자만하지 말고 아껴 쓰고 절약하자고, 내게 필요한 만큼만 쓰고 남은 돈은 무조건 모아서 남을 돕는 데 쓰자고요. 그렇게 모으기 시작하니 어느새 많이 불어나게 되었죠. 허허."

겸손하신 할아버지의 말씀에 촬영장 분위기가 숙연해졌다.

"이번 기부 활동이 밝혀지면서 사장님에 대한 미담이 SNS에 여럿 올라왔는데 알고 계신가요?"

"미담이요? 허허. 뭐 별것이 없을 텐데요."

진행자는 미리 준비한 자료를 보여 주며 할아버지의 미담을 소개했다.

"동네에서 아침밥을 먹지 못하고 등교하는 학생들에게 무료로 빵을 나눠 주셨다, 일주일에 한 번씩 서울역에서 노숙자들을 위해 무료로 빵을 나눠 주셨다, 보육원에서 아이들에게 빵 만들기 무료 수업을 해 주셨다 등 이외에도 정말 많은 미담이 있습니다."

"아이고, 당연히 해야 할 일을 한 것뿐인걸요."

할아버지는 쑥스러운 듯 두 손으로 얼굴을 문지르셨다.

"사실 빵 만드는 재료비도 만만치 않고 부담될 텐데 어떻게 일상에서 틈틈이 나누며 살 수 있으셨는지 궁금합니다."

"저 혼자 배부른 게 늘 미안했습니다. 저도 못 먹고 못 입었던 시절을 보냈기에 얼마나 그 고통이 큰지 아니까요. 그래서 조금 적게 먹고 많이 나누고 싶었습니다. 그렇게 살기로 마음먹으니 자연스럽게 되었던 것 같아요."

"사장님의 삶을 대하는 태도에 깊은 감명을 받았습니다. 마지막으로 우리 시청자분들께 한 말씀 부탁드립니다."

할아버지는 긴장되시는 듯 물을 한 모금 마신 뒤 말씀을 시작하셨다.

"많은 사람들이 부자가 되고 싶어 하지요? 그런데 진정한 부자는 어떤 사람일까요? 부자가 된다면 여러분은 어떻게 살고 싶으세요? 누군가를 도울 수 있다는 건 큰 행복입니다. 나보다 힘들고 어려운 사람을 돕는 것은 그들에게 희망과 꿈을 선물하는 일입니다. 저는 많은 사람이 행복을 나누는 부자가 되길 바랍니다. 감사합니다."

할아버지의 말씀이 끝나자 우레와 같은 박수가 울려 퍼졌다. 현장에 있던 모든 사람들과 용용 클럽은 자리에서 일어나 할아버지께 존경의 박수를 보냈다.

촬영 팀이 모든 정리를 마치고 떠나자 아이들은 할아버지 어깨를 안마해 드렸다.

"아이고, 시원하다. 너희들 손이 야무지구나. 이 정도 힘이면 빵도 잘 만들겠는걸. 다음에 와서 같이 빵 만들기 해 보지 않으련?"

"좋아요, 할아버지! 불러만 주시면 언제든지 달려올게요."

지용이는 신이 나서 큰 소리로 말했다. 아이들은 빛나 누나가 왜 정든 빵집에서 만나자고 했는지 충분히 알 것 같았다. 집으로 돌아가는 길에 빛나 누나가 말했다.

"애들아, 오늘 어땠어?"

"오늘 정말 많은 것을 느꼈어요."

수지가 고개를 끄덕이며 말했다.

"그냥 돈이 많은 사람 말고 그 돈을 가치 있게 쓰는 사람이 되고 싶다는 생각이 들었어요."

라미도 진지하게 대답했다. 그러자 아이들이 동시에 말했다.

"오, 라미!"

"이 반응은 뭐지? 너희들 그동안 날 뭐로 본 거야, 엉?"

아이들이 혀를 쭉 빼고 쏜살같이 도망가자 라미가 쫓아갔다.

"애들아, 나도 같이 가!"

빛나 누나도 용용 클럽 아이들을 따라 뛰었다. 용용 클럽 아이들의 마음속에 '선한 부자'라는 말이 깊이 새겨져 반짝거렸다.

어느덧, 12월에 접어들면서 날씨가 제법 쌀쌀해졌다. 지용이의 입에서 하얀 입김이 새어 나왔다. 오늘은 용용 클럽이 첫 봉사 활동을 가는 날이다. 정든 빵집 할아버지를 만난 뒤로 용용 클럽 아이들은 자신들의 힘으로 할 수 있는 나눔을 고민했다.

집 근처에 있는 '사랑 아동 재활원'에서 자원봉사자를 구한다는 소식을 듣고 아이들은 만장일치로 자원봉사를 하기로 결정했다. 지용이의 발걸음이 어느 때보다 설렜다.

"애들아, 어서 와."

지용이가 멀리서 뛰어오는 친구들을 반갑게 맞이했다.

"지용아, 너 왜 이렇게 빨리 왔어? 오늘따라 좀 멋진데?"

"진짜 우리 금쪽이가 달라졌어요."

친구들의 반응에 신이 난 지용이도 한마디 했다.

"애들아, 나도 내가 이렇게 멋있게 변할 줄 몰랐어. 나 더 멋있어지면 어떡하지?"

지용이의 너스레에 깔깔 웃으며 재활원으로 향했다. 문을 열고 들어가자 입구에서 재활원 선생님이 반갑게 맞아 주셨다.

"안녕하세요? 오늘 봉사 활동 온 용용 클럽 맞죠?"

"네, 맞습니다."

"반갑습니다. 오늘은 간단한 봉사자 교육을 받고 아이들과 함께하는 놀이 시간을 가질 거예요. 이쪽으로 오세요."

용용 클럽은 재활원 선생님께 몸이 불편하거나 지적 장애가 있는 어린이와 소통하는 방법과 주의할 점 등을 배웠다. 봉사자 교육을 마치고 아이들을 만나러 안으로 들어갔다. 용용 클럽을 보자 몇몇 아이들이 밝게 웃으며 다가와 호기심 가득한 눈빛을 보냈다.

"여러분! 오늘은 용용 클럽 언니, 오빠들과 함께하는 놀이 시간을 가지려고 합니다. 우리 함께 노래 불러 볼까요?"

신나는 동요를 부르면서 아이들은 마음을 활짝 열었다. 함께 마주 보며 손뼉 치고 게임을 했다. 지용이와 라미의 발랄한 율동을 보면서 아이들이 큰 소리로 웃었다. 한샘이와 수지는 몸이 불편한 동생들을 도와주고 간식을 나눠 주는 역할을 했다.

어느덧 마치는 시간이 되자 재활원 아이들이 헤어지기 싫다고 눈물을 보였다. 라미는 눈물을 꾹 참고 말했다.

"우리 다음 달에 또 만나자. 언니가 신나는 노래와 춤 많이 연습해서 올게."

재활원 선생님은 용용 클럽 아이들을 대견한 눈빛으로 바라봤다. 봉사를 마치고 돌아오는 길에 넷은 마음이 충만해지는 것을 느꼈다.

"동생들과 함께한 2시간이 20분처럼 짧게 느껴졌어."

지용이가 친구들을 바라보며 말했다.

"맞아. 헤어지기가 아쉬웠어. 우리 앞으로 쭉 최선을 다해 봉사하자."

수지가 두 주먹을 불끈 쥐며 말했다.

"그래, 그동안 내가 얼마나 많은 걸 누리며 살아왔는지 돌아보게 되었어."

한샘이도 진지하게 말했다.

"나만 생각할 땐 몰랐는데, 주변을 돌아보니 많이 나누면서 살고 싶어졌어. 정든 빵집 할아버지처럼, 그리고 빛나 언니처럼 말이야."

라미의 고백이 친구들의 마음에도 울림을 줬다.

"그래서 말인데, 우리 그동안 각자 기부 저금통에 저금한 거 있잖아? 모두 모아서 사랑 아동 재활원에 기부하면 어때?"

수지의 제안에 아이들은 서로의 눈을 쳐다보았다. 그리고 동시에 소리쳤다.

"좋은 생각이야!"

용용 클럽 아이들은 어느새 스스로 용돈을 관리하고 절약과 나눔을 실천하는 친구들로 변해 있었다. 아이들의 마음에 심겼던 작은 씨앗이 싹을 틔우고 이제는 풍성한 잎을 드리운 나무로 자라나고 있었다.

우리도 경제 독립을 할 수 있어요

어느덧 일 년여의 시간이 훌쩍 지나고 용용 클럽 아이들은 졸업을 한 달 남짓 앞두고 있었다. 6학년이 된 뒤부터는 빛나 누나와 만나는 정기 모임은 두 달에 한 번 정도만 가졌다. 빛나 누나의 도움 없이도 아이들은 용돈 기록장 쓰기, 용돈 쪼개기, 경제 도서 읽기, 투자하기 등 그동안 배웠던 것들을 무리 없이 꾸준히 실천해 나갔기 때문이다. 게다가 봉사 활동과 기부 활동 역시 자신들의 힘으로 알아서 잘 꾸려 나갔다. 그래서 정기 모임 때는 주로 실천하면서 어려웠거나 궁금했던 점 등을 나누고 서로를 응원하는 시간을 가졌다.

하얀 눈이 소복하게 내린 어느 날 아침, 용용 클럽 단체 대화방이 쉴 새 없이 울렸다.

드디어 '무티의 슬기로운 초등 생활' 너튜브 촬영날이 되었다. 촬영을 위해 스튜디오에 모인 용용 클럽 아이들은 잔

똑 긴장한 표정이었다. 빛나 누나가 함께 와 줬지만 쿵쾅대는 심장이 쉽게 진정되지 않았다. 구독자가 100만 명이 넘는 채널에 나가게 될 줄은 상상도 못 했다. 유명 너튜버 무티를 만나는 게, 마치 꿈만 같았다.

"촬영 시작하겠습니다."

촬영 감독이 외치자 스텝들이 모두 분주하게 움직였다.

"여러분 안녕하세요? 무티입니다. 오늘은 정말 특별한 손님을 모셨습니다. 요즘 시대에 이렇게 따뜻하고 훈훈한 사연이 있을까요? 초등학교 6학년 아이들이 스스로 봉사 활동을 하고 용돈을 모아서 기부까지 했다고 합니다. 기부와 나눔을 실천하는 초등학생들의 모임, 용용 클럽! 나와 주시죠."

무티의 소개를 받고 용용 클럽 아이들은 차례로 나가 초대석에 앉았다.

"이야, 이렇게 멋진 분들을 만나 뵙게 되다니 정말정말 영광입니다!"

무티의 따뜻한 환영에 용용 클럽 아이들은 몸 둘 바를 몰라 했다.

"저희 채널 작가님이 자원봉사자 모임에서 용용 클럽 이야기를 듣고 꼭 모셔야 한다고 적극 추천하셨어요. 그래서 수소문 끝에 어렵게 이 자리에 모시게 되었습니다."

전 국민의 사랑을 받는 너튜버 무티를 눈앞에서 본 아이들은 얼떨떨한 기분이었다.

"용용 클럽! 이름이 참 재밌는데요, 무슨 뜻인가요?"

무티가 지용이를 바라보며 묻자 지용이는 떨리는지 두 손을 모으며 대답했다.

"저희가 모두 용띠거든요. 용띠 친구들이 모여서 용돈을 잘 관리해 보자는 의미로 용용 클럽이라고 지었어요."

"아하! 처음에는 용돈을 잘 관리하는 방법을 공부하기 위해 만든 모임이었군요?"

무티와 눈이 마주친 한샘이가 이어서 대답했다.

"네. 저희는 원래 빛나 누나에게 용돈 관리를 잘하는 방법을 배우려고 모였어요. 그런데 빛나 누나 덕분에 용돈 관리뿐만 아니라 현명하게 돈을 사용하고 좋은 곳에 나누는 것까지 배우게 되었어요."

아이들이 모두 카메라 뒤쪽에 서 있는 빛나 누나를 쳐다봤다. 그러자 카메라도 빛나 누나를 비췄다. 빛나 누나는 수줍게 미소 짓고 있었다.

"아주 작고 평범한 목적으로 시작했지만, 현재는 스스로 모은 돈을 기부하고 봉사 활동까지 하는 멋진 클럽으로 성장한 것이군요."

무티는 용용 클럽 아이들이 사랑 아동 재활원에서 아이들과 함께 놀고 식사 도우미와 청소 활동을 하는 사진을 보여 주었다. 물론 미리 재활원 선생님과 아이들에게 양해를 구해서 준비한 자료였다.

"정말 아름다운 모습입니다. 아직 어리다면 어린 나이인데 어떻게 이런 봉사 활동을 결심하게 되었나요?"

"어려운 사람들을 위해 기꺼이 5억을 기부하신 정든 빵집 할아버지를 만난 뒤로 저희 힘으로 할 수 있는 나눔을 찾게 되었어요. 함께 조사해서 꾸준히 할 수 있는 봉사 활동을 선택하게 되었답니다."

수지가 차분하게 또박또박 이야기하자 무티는 환한 웃음

을 지어 보였다.

"용용 클럽은 혹시 스피치 수업도 듣나요? 어쩜 이렇게 말씀들을 다 잘하시는지 정말 기특합니다."

촬영은 점점 무르익어 갔다. 시간이 빠르게 흘러 마지막 퀴즈 시간이 되었다.

"용용 클럽의 이야기는 들으면 들을수록 더 진한 감동을 안겨 주는군요. 아쉽게도 벌써 저희 채널의 마지막 순서인 퀴즈 시간이 되었습니다. 퀴즈의 정답을 맞히면 상금이 있습니다. 퀴즈를 풀 준비되셨나요?"

무티가 아이들을 바라보며 말했다.

"네, 됐습니다!"

아이들은 환하게 웃으며 외쳤다.

"그럼, 문제를 드리겠습니다. 이것은 1808년 프랑스 정치가 가스통 피에르 마르크가 처음 사용한 것으로 '높은 사회적 신분에 상응하는 도덕적 의무'를 뜻하는 말입니다. '고귀한 신분'과 '책임이 있다'라는 뜻의 두 단어가 합쳐진 말로써, 사회의 지도층들에게 많은 것을 누리는 만큼 사회적인 봉사와 도움의 책무를 요구하는 현상을 말합니다. 이것은 무엇일까요?"

무티의 말이 끝나자 아이들은 서로 눈짓했다. 지용이가 큰 목소리로 말했다.

"노블레스 오블리주입니다."

"와, 정답입니다! 축하합니다."

아이들은 자리에서 일어나 환호성을 질렀다. 모든 스텝이 축하해 줬다.

"이 상금은 어디에 쓰고 싶나요?"

"사실 저희가 여기 오기 전에 만약에 퀴즈를 맞힌다면 상금을 어디에 쓸지 의견을 나눴어요. 저희가 봉사하고 있는 사랑 아동 재활원 아이들 중에는 몸이 불편한 친구들이 많아요. 그 친구들을 위한 휠체어와 보조 기구를 마련하는 데 보탬이 되고 싶습니다."

수지의 말이 끝나자 용용 클럽을 향한 우레와 같은 박수가 쏟아졌다. 촬영을 모두 마치고 빛나 누나는 아이들을 토닥여 줬다. 무티와 함께 기념사진도 찍고 아이들은 평생에

잊지 못할 멋진 추억을 만들었다.

어느덧 또 한 달이 훌쩍 지나고 용용 클럽의 졸업식 날이 되었다. 지용이네 가게에서 조촐한 졸업 파티가 열렸다. 그동안 용용 클럽 아이들이 보여 준 변화와 성장에 감동한 부모님들까지 지용이네 분식점에 모두 모였다.

"지용이 엄마, 지용이가 용용 클럽 만든 덕분에 아이들이 많이 배웠어요. 고마워요."

라미 어머니가 웃으시며 말씀하셨다.

"아니에요. 이게 다 빛나 학생 덕분이죠. 대학 생활도 바쁘고 힘들 텐데, 지용이를 도와준 덕분에 아이들이 이렇게 좋은 경험을 한 거잖아요? 말 나온 김에 우리 빛나에게 큰 박수로 감사의 마음을 전합시다!"

짝짝짝짝.

용용 클럽 아이들과 부모님은 모두 다 같이 빛나 누나를 향해 손뼉을 치고 환호성을 질렀다. 아이들 대표로 지용이가 빛나 누나에게 감사패와 꽃다발을 전달했다. 얼굴이 붉어진 빛나 누나가 감격스러운 듯 말했다.

"감사합니다. 제가 한 것은 그리 많지가 않아요. 이 모든 것은 사실 우리 용용 클럽 아이들이 스스로 깨치고 노력한 결과예요. 아이들의 변화에 저도 정말 감동했거든요. 그래서 저도 아이들에게 정말 고맙게 생각하고 있어요."

빛나 누나의 말에 클럽 가족들은 모두 행복의 물결에 휩싸였다. 빛나 누나는 미리 준비한 영상을 틀었다. 가게 불을 모두 끄고 한쪽 벽에 빔프로젝터 불빛만을 비쳤다. 용용 클럽 첫 모임 날부터 마지막 모임 날까지 아이들의 모습이 흘러나왔다. 처음 봤을 때의 어리숙함은 온데간데없고 의젓하게 성장한 아이들의 현재 모습이 눈부시게 아름다워 보였다.

차곡차곡 써 내려간 용돈 기록장, 티끌 모아 태산을 실천해 가는 통장, 스스로 용돈을 벌어 보려고 부모님을 도와 일하는 모습 등 다양한 장면들이 스쳐 지나갔다. 정든 빵집 할아버지와 함께 찍은 사진, 사랑 아동 재활원에서의 봉사 활동 장면과 '무티의 슬기로운 초등 생활'에 출연한 모습까지……. 화면을 보는 모든 사람의 가슴이 뭉클해졌다. 영상이 끝나자 커다란 박수가 터져 나왔다.

"그동안 용용 클럽에서 최선을 다해 배우고 노력해 준 지용이, 한샘이, 라미와 수지에게 저도 작은 선물을 준비했어요."

빛나 누나는 그동안 용용 클럽 아이들이 했던 활동들을 기록한 책을 내밀었다. 아이들이 활동한 이야기와 사진이 어우러져 하나의 책이 되어 있었다. 마지막 장에는 진심이 담긴 편지가 적혀 있었다.

아이들은 선물을 건네받으며 모두 울음을 터뜨렸다. 빛나 누나가 한 사람씩 따뜻하게 안아 줬다.

"지난 시간 용용 클럽 덕분에 저도 한층 성장할 수 있었어요. 덕분에 제게 새로운 꿈이 생겨서 유학을 결심하게 되었어요. 넓은 세상에서 더 많이 경험하고 배워서 지구를 살리는 친환경 전문 경영인이 되려고 합니다."

"빛나 언니, 정말 멋져요! 저희도 항상 응원할게요."

라미가 눈물을 닦으며 말했다.

"저희에게 가르쳐 주신 것 잊지 않고 꾸준히 실천할게요. 고맙습니다, 누나!"

한샘이도 고개를 숙여 인사했다. 수지는 눈물이 그렁그렁한 눈으로 말없이 미소만 지었다.

"용용 클럽 덕분에 저도 꿈이 생겼어요."

지용이가 붉어진 얼굴로 말했다.

"저는 정든 빵집 할아버지처럼 사람들에게 행복을 주는 제빵사가 되고 싶어요. 맛있는 빵도 나눠 주고 기부도 많이 하며 살 거예요."

지용이의 말이 끝나자 옆에 있던 라미도 용기를 내어 말했다.

"사실 저도 봉사 활동을 하면서 꿈이 생겼어요. 저는 사회 복지사가 되고 싶어요. 장애인을 위한 복지를 실천하고 다양한 프로그램을 만들어 보고 싶어요."

라미의 말을 들은 라미 어머니가 팔을 흔들며 기뻐했다.

"우리 딸 최고다! 정말 멋지다!"

그 바람에 모두 큰 소리로 웃었다.

"저는 앞으로도 꾸준히 경제와 투자를 공부해 나갈 거예요. 그리고 빛나 누나처럼 저보다 어린 동생들에게 용돈을 잘 관리하는 방법을 가르쳐 주는 역할도 해 보고 싶어요. 어릴 때부터 돈을 사용하고 관리하는 것을 배우는 게 얼마나 중요한지를 깨달았거든요."

한샘이의 말에 모두 큰 박수를 보냈다. 마음이 진정된 수지도 차분한 목소리로 말했다.

"저는 빛나 언니와 비슷하게 환경 보호를 위해 연구하는 환경 컨설턴트가 되고 싶어요. 많은 사람이 환경을 소중히 여기고 착한 소비를 할 수 있도록 환경 보호 전략과 정책을 개발하는 일을 하고 싶거든요."

여기저기서 감탄이 쏟아졌다. 아이들의 진솔한 꿈에 관한 이야기에 부모님들의 눈시울이 붉어졌다.

"우리 아이들이 언제 이렇게 컸지요?"

"그러게 말이에요. 아직 어린 줄만 알았는데 마음에 이렇게 귀한 꿈을 품고 있었다니 놀라워요."

부모님들이 진심을 담아 아이들을 칭찬하고 안아 줬다. 지용이 부모님이 준비해 주신 음식을 먹으며 정겨운 이야기가 오고 갔다.

갑자기 지용이가 앞으로 나가더니 모두를 향해 외쳤다.

"저희가 봉사 활동을 해 보니 봉사의 손길이 정말 많이 필요하다는 것을 느꼈어요. 그래서 말인데요. 엄마, 아빠! 저희와 함께 봉사 활동 가 주시면 안 될까요?"

지용이가 외치자 다른 아이들도 함께 거들었다. 그러자 부모님들이 아이들을 흐뭇하게 바라봤다. 자리에서 벌떡 일어난 지용이 아버지가 말씀하셨다.

"우리 용용 클럽이 가는 곳인데 당연히 가야지. 우리도 함께 봉사합시다!"

가게 안에는 행복한 웃음꽃이 활짝 피었다.

빛나 누나와 아이들은 가게 앞마당에 나와 밤하늘을 올려다보았다.

"누나, 유학 가도 저희한테 연락할 거죠?"

지용이가 빛나 누나에게 물었다.

"당연하지. 너희가 정말 많이 보고 싶을 거야."

아이들의 눈가가 촉촉해졌다.

"얘들아, 용용 클럽을 이끌면서 내가 생각했던 목표가 뭐였는지 아니?"

빛나 누나의 질문에 아이들은 고개를 갸우뚱했다.

"나의 처음 목표는 용용 클럽의 경제 독립이었어. 경제 독립은 스스로 용돈을 관리하고 현명한 소비 습관을 이어 가는 걸 말해. 돈의 소중함을 알고 돈에 끌려다니는 사람이 아닌, 돈으로부터 자유로운 사람! 기부와 나눔을 실천하는 사람이 되는 걸 말하는 거지."

"우아! 저희 용용 클럽이 그 목표를 이루어 가고 있는 거 맞죠?"

아이들은 빛나 누나의 대답을 기다리며 손을 마주 잡았다.

"완전 이뤘지. 용용 클럽 미션 대성공!"

"야호!"

환한 달처럼 밝은 아이들의 웃음이 까만 밤하늘을 가득 채웠다.

제일 중요한
용용 클립 비법 노트

저축하는 습관을 길러요!

평소에 미리미리 저축을 해 두면 나중에 필요한 일이 생겼을 때 어려움을 겪지 않고 해결할 수 있어요. 나만의 저금통과 내 이름으로 된 통장을 만들어 저축하는 습관을 길러 보아요.

★ 나만의 저금통 만들기

페트병, 우유 팩, 과자 상자 등을 재활용해서 저금통을 만들면 어떨까요? 자원도 아끼고 돈도 절약하고 나만의 저금통도 만들 수 있어 일석삼조 아닐까요? 버려지는 폐품을 활용해 저금통을 만드는 법을 알아보아요.

〈상자로 만드는 멀티 저금통〉

준비물
　뚜껑이 있고 가로로 긴 상자, 색 도화지, 두꺼운 도화지(또는 다른 상자), 연필, 가위, 칼, 풀, 사인펜

만드는 방법
1. 상자 크기에 맞게 색 도화지를 재단하여 자른 다음, 상자 겉면에 풀을 발라 색 도화지를 붙여요.
2. 상자 안을 3칸으로 나눈 뒤, 두꺼운 도화지로 칸막이 2개를 만들어 각각 상자 바닥에 세워지도록 붙여요.
3. 상자 뚜껑에 500원짜리 동전이 들어갈 정도의 크기로 3개의 동전 구멍을 내요.
4. 사인펜으로 각 칸마다 기부, 여행, 꿈, 비상금, 선물 등 원하는 저금통 이름을 적고 상자를 꾸며요.

〈일회용 컵으로 만드는 저금통〉

준비물
　뚜껑이 있는 일회용 컵 3개, 칼, 사인펜, 색종이, 풀, 가위

만드는 방법
1. 컵 뚜껑에 각각 500원짜리 동전이 들어갈 정도의 크기로 동전 구멍을 내요.
2. 색종이와 사인펜으로 각각의 컵을 꾸미고 원하는 저금통 이름을 써넣어요.
3. 꾸며진 컵에 뚜껑을 각각 닫으면 저금통 완성!

★ 내 이름으로 된 통장 만들기

초등학생도 통장을 만들 수 있어요. 단, 필요한 서류를 준비해 부모님과 함께 은행을 방문해야 하지요. 필요한 서류와 주의 사항 등을 꼼꼼히 알아보고 내 이름으로 된 통장 만들기에 도전해 보아요.

통장 개설 이벤트를 활용해요!

통장을 만드는 것을 통장 개설이라고 해요. 일정한 기간에 한정되어 높은 이자를 주는 이벤트, 1만 원 지원금을 주는 이벤트 등 은행마다 통장 개설 이벤트가 달라요. 따라서 부모님과 여러 은행의 통장 개설 이벤트를 꼼꼼하게 알아본 다음, 어느 은행에서 통장을 만드는 것이 좋을지 결정해요.

필요한 서류
자녀 명의 기본증명서(상세), 가족관계증명서(상세), 방문하는 부모님 신분증, 자녀 또는 부모님 도장(통장 거래용)

주의 사항
· 은행마다 필요한 서류가 조금씩 다를 수 있으므로 반드시 방문 전에 미리 확인해요.
· 모든 서류는 최근 3개월 이내에 발급된 것이어야 해요. 따라서 서류에 적힌 날짜를 꼭 확인해 보아요.
· 서류에 주민 등록 번호는 전체가 다 표기되어야 해요.
· 초등학생은 '금융 목적을 확인하기 위한 서류'를 은행에 낼 수 없기 때문에 '한도 제한 계좌'로만 입출금 통장을 만들 수 있어요. '한도 제한 계좌'란 찾거나 다른 통장으로 이체할 수 있는 돈의 액수가 제한되는 계좌를 말해요. 따라서 통장을 만들 때 은행 창구나 자동화(ATM) 기계에서 찾거나 이체할 수 있는 금액이 얼마인지 미리 확인해 두어요.
· 비밀번호는 4자리 숫자로 정해요. 하지만 비밀번호로 사용할 수 없는 경우가 있어요. 때문에 방문 전에 미리 알아보고 비밀번호를 무엇으로 할지 부모님과 충분히 상의하고 가요.

비밀번호로 사용할 수 없는 경우
- 같은 숫자가 3개 이상 반복될 경우
- 오름차순(예 1·2·3·4) 또는 내림차순(예 4·3·2·1) 연속 숫자일 경우
- 통장 만들 때 등록한 전화번호 연속 숫자일 경우
- 주민 등록 번호의 연속 숫자일 경우

나오며

　뉴스를 보다가 우연히 50년 넘게 김밥을 팔아 모은 전 재산을 기부하신 할머니 소식을 듣게 되었어요. 돈이 없어서 공부할 수 없는 아이들을 돕고 싶어서 꾸준히 기부를 해 오셨고 돌아가실 때는 집 보증금까지 전부 기부하셨다고 해요.
　할머니는 생전 인터뷰에서 '나누면 기분이 좋다'는 말씀을 하셨대요. 힘들게 고생해서 번 돈을 자신보다 형편이 어려운 사람들에게 기쁜 마음으로 나눠 주신 할머니……. 그 사랑의 온기는 우리 모두에게 고스란히 전해졌지요. 그리고 '나도 저런 마음으로 실천하며 살 수 있을까?'라고 나에게 질문을 던져 보았습니다.

진정한 부자는 어떤 사람일까요?

우리가 경제에 대해 배우고 돈을 버는 것은, 나만 잘살기 위해서가 아니라는 것을 할머니는 자신의 삶을 통해 보여 주셨어요. 용용 클럽 아이들의 마음에 심긴 씨앗이 이 이야기를 읽은 여러분에게도 전해졌으리라 믿어요.

적은 용돈으로 시작한 경제 활동이 점점 풍성해지고, 그렇게 모인 돈들이 가치 있는 곳에 사용된다면 정말 기쁠 거예요. 현명한 용돈 관리와 경제 독립이 여러분의 아름다운 꿈을 이루는 데 귀한 역할을 했으면 좋겠어요.

마지막으로 글을 쓸 때 조언과 응원을 아끼지 않는, 사랑하는 남편과 두 딸에게 감사를 전합니다. 그리고 용용 클럽을 만날 수 있게 멋진 아이디어를 주신 김옥희 대표님께 감사드려요. 원고에 빛과 사랑을 더해 주신 편집자님께도 감사합니다. 아주 좋은 날, 아주 멋진 용용 클럽을 만나 행복했습니다.

장대비가 내리는 여름, **정선애 작가**

초판 1쇄 발행 2024년 8월 23일
초판 3쇄 발행 2025년 6월 24일

글쓴이 정선애
그린이 김성영
펴낸이 김옥희
펴낸곳 애플트리태일즈(아주좋은날)
편집 왕입분
디자인 안은정
마케팅 양창우, 김혜경

출판등록 2004년 8월 5일 제16-3393호
주소 서울시 강남구 테헤란로 201, 501호
전화 (02) 557-2031
팩스 (02) 557-2032
홈페이지 www.appletreetales.com
블로그 http://blog.naver.com/appletales
페이스북 https://www.facebook.com/appletales
트위터 https://twitter.com/appletales1
인스타그램 @appletreetales
@애플트리태일즈

ISBN 979-11-92058-42-9 (74320)
ISBN 979-11-92058-41-2 (세트)

ⓒ 정선애, 2024
ⓒ 김성영, 2024

이 책의 무단전재와 무단복제를 금지하며,
책 내용의 전부 또는 일부를 이용하려면 반드시 애플트리태일즈(아주좋은날)의 동의를 받아야 합니다.

잘못 만들어진 책은 구입한 곳에서 바꿔드립니다.
값은 뒤표지에 표시되어 있습니다.

아주좋은날은 애플트리태일즈의 실용·아동 전문 브랜드입니다.

어린이제품 안전특별법에 의한 기타 표시사항

품명 : 도서 | 제조 연월 : 2025년 6월 | 제조자명 : 애플트리태일즈 | 제조국 : 대한민국 | 사용연령 : 9세 이상
주소 : 서울시 강남구 테헤란로 201, 5층 (02-557-2031)